L'ÉCOLE
À DEUX VITESSES

DU MÊME AUTEUR

La Fabrique du crétin. Vers l'apocalypse scolaire, L'Archipel, 2022 ; Archipoche, 2023.

C'est le français qu'on assassine, Blanche, 2017.

Noirs dessins, roman, L'Archipel, 2017.

Liberté, Égalité, Laïcité, Hugo Doc, 2015.

Voltaire ou le Jihad, L'Archipel, 2015.

Tableau noir, Hugo Doc, 2014.

La Société pornographique, François Bourin éditeur, 2012.

Fin de récré. Pour une refondation de l'école, Jean-Claude Gawsewitch éditeur, 2008.

Faits divers, faits d'amour, nouvelles, Hugo Doc, 2006.

À bonne école…, Jean-Claude Gawsewitch éditeur, 2006.

La Fabrique du crétin. La mort programmée de l'école, Jean-Claude Gawsewitch éditeur, 2005.

La Corse, Gallimard, coll. « Découvertes », 2004.

Pur porc, roman, Ramsay, 2003.

Sade, Larousse, coll. « La Vie, la Légende », 2000.

Haute-Corse et Corse-du-Sud, Guides Gallimard, 1993.

Entre ciel et mer, le mont Saint-Michel, Gallimard, 1988.

JEAN-PAUL BRIGHELLI

L'ÉCOLE À DEUX VITESSES

essai

l'Archipel

Notre catalogue est consultable à l'adresse suivante :
www.editionsarchipel.com

Éditions de l'Archipel
92, avenue de France
75013 Paris

ISBN 978-2-8098-4814-4

Pour C. M.,
si présente dans les pages qui suivent,
amour et gratitude.

En guise d'avertissement

Reconstruire l'École

Si vous pensez que les riches sont plus intelligents que les pauvres, ce livre n'est pas pour vous.

Si vous croyez que le fait d'être logé dans un appartement à 13 000 euros le mètre carré conforte votre intellect, ce livre n'est pas pour vous non plus – ni pour l'agent immobilier qui vous a vendu votre trois-pièces surpayé au prétexte que vous aviez l'eau sur l'évier et Henri-IV sous vos fenêtres.

Si vous pensez sérieusement que quelques « fils et filles de » pourris-gâtés, scolarisés dans telle ou telle école privée à la réputation surfaite, suffiront pour sauver la France de la décadence dans un premier temps et de l'asservissement bientôt, en laissant dans le fossé 90 % du potentiel intellectuel du pays, ce livre n'est vraiment pas pour vous.

Et si vous estimez que votre progéniture a hérité de vos capacités et que le fait qu'elle soit insupportable en classe et récolte des notes exécrables est la preuve qu'elle dispose d'un haut potentiel intellectuel (HPI), passez votre chemin. Ou offrez-vous, sur la pile à côté, l'intégrale des œuvres de Philippe Meirieu.

Quant à ceux qui croient que la réforme du « collège unique », en 1975, fut l'éclair de génie de l'équipe Giscard-Haby, je me dispenserai de les contredire, puisqu'ils ne savent pas lire, ni écrire, ni compter, grâce à des programmes dont les ambitions n'ont cessé de se réduire.

Mais si vous êtes persuadé :

— que la mixité scolaire en France est une supercherie, et que les pauvres nés dans un ghetto urbain ont seulement droit à un ghetto scolaire, quelles que soient leurs capacités ;

— que le but de tout enseignement n'est pas de faire garderie, de flatter les parents en surnotant leurs bambins, ni de faire l'apologie du « vivre ensemble » – quoi que cela veuille dire, dans un pays fracturé comme le nôtre –, mais d'amener chaque élève au plus haut de ses capacités par un travail assidu ;

— que la transmission des savoirs l'emporte, de très loin, sur l'évaluation permanente des « compétences » ;

— que le vrai élitisme républicain consiste à pousser chacun au plus haut, à le faire transpirer, sans rien lui promettre, mais en le récompensant quand il l'aura mérité ;

— et qu'il est temps de prendre des mesures pour renverser la table et restaurer un système d'enseignement digne d'un pays qui fut jadis l'exemple de l'efficience scolaire…

… alors, ce livre est le vôtre.

Je ne rappellerai que pour la forme, dans les pages qui suivent, l'effondrement intellectuel constaté chaque jour par les enseignants et par les parents – ou les grands-parents. C'était l'objet de *La Fabrique du crétin* première époque (2005).

Je ne reviendrai que pour mémoire, parce que c'était l'objet de *La Fabrique du crétin* deuxième époque (2022), sur le mécanisme européen qui, dès les années 1960 et jusqu'à la conférence de Lisbonne en 2000, mit au point une École dont la destination finale est de pérenniser au pouvoir ceux qui l'occupent et de former leurs rejetons pour qu'ils les remplacent – c'est après tout la loi d'airain de l'oligarchie. Et de maintenir les autres, tous les autres, dans une médiocrité culturelle qui permet tout juste de commander une pizza en regardant la télé du fond de son canapé.

Je n'évoquerai que marginalement le mécanisme bien huilé, conçu conjointement par la droite et la gauche européanistes, qui a fait dégringoler l'excellence française dans les profondeurs des classements[1] en la cantonnant dans quelques établissements, privés ou publics,

---

1. L'étude PIRLS 2021 sur la lecture publiée en mai 2023 place la France en 32e position, très loin du standard européen – et à des années lumière de Singapour, Hong Kong, l'Irlande ou la Russie, qui caracolent en tête de classement. Par ailleurs, comme le souligne le site d'information sur l'éducation Le Café pédagogique, « l'écart de résultats entre les écoles favorisées et défavorisées a nettement augmenté. En 2021, les écoles favorisées obtiennent un score moyen de 523 et les défavorisées de 466. En 2016, c'était 526 et 490. L'écart s'est donc nettement creusé, malgré la politique des coûteux dédoublements. Et cet écart est beaucoup plus prononcé en France que dans la moyenne des pays participants (510 et 465) ». Une école de plus en plus à deux vitesses…

prétendument « d'élite », afin d'y ségréguer les rejetons d'une oligarchie (devrais-je dire d'une caste ?) censés reprendre les commandes quand papa-maman le jugeront bon. J'analyse plus loin le mythe du « bon élève ». Les parents qui se rengorgent parce que :

— Mon chéri-Mon cœur rapporte de bonnes notes à la maison,

— a une mention « très bien » au bac, alors qu'il ne réussirait pas le certificat d'études,

— et intègre une grande école *via* une classe préparatoire qui lui était promise depuis la maternelle

devraient se demander d'abord, avant d'imaginer le destin rectiligne de leurs rejetons, pourquoi tant de ministres et d'industriels haut placés, issus des mêmes établissements et des mêmes filières, sont d'une telle pauvreté intellectuelle et ont des capacités si réduites. Quand on sort du moule, on reproduit le moule. On a les manières, le vocabulaire et les codes de la bonne société, on est plein de morgue et de suffisance, mais on est d'une insuffisance intellectuelle, sauf hasard, tout à fait égale à celle des déshérités que l'on a laissés en chemin.

Bien sûr, la mixité scolaire est une question de justice et de morale républicaine. Mais l'impératif moral, à part chez les kantiens, a peu de poids dans un système libéral. Alors soyons plus pratiques : la mixité scolaire est dans *l'intérêt* des bons élèves – ou des malheureux que l'on a persuadés qu'ils étaient bons élèves. Il est de l'intérêt des bourgeois que leurs enfants se frottent aux fils des prolétaires. Parce que, comme nous le verrons, le génie scolaire – on ne naît pas génial, on le devient – repose d'un côté sur un travail assidu et des performances solides aux exercices rituels, certes. Mais il ne se potentialise qu'en se confrontant aux esprits hétérodoxes. Les établissements publics et privés qui tentent de se confiner frileusement sur leur quant-à-soi n'ont rien compris à ce qui permet de construire un véritable bon élève. Ou peut-être ne savent-ils pas ce que c'est, obnubilés qu'ils sont par la conformité et le conformisme de leurs ouailles.

La mixité sociale est, enfin, dans l'intérêt de la nation, qui ne survivra pas longtemps en se privant de 90 % de ses forces vives. Il faut un peu de sang neuf à la France pour se redresser, après quarante années de désindustrialisation hexagonale, de fragmentation en « communautés » antagonistes et de mépris universel.

Nous sommes en 1788. Si une pseudo-aristocratie se crispe aux manettes, si elle ne laisse pas toute leur place aux esprits brillants qu'elle confine dans des emplois subalternes en les parquant depuis l'enfance dans des établissements du second ou du troisième rayon, nous sommes perdus. La violence est déjà parmi nous.

Une certaine mixité scolaire, fondée sur les vraies capacités et l'excellence intellectuelle, hors de toute considération de classe, peut être l'outil de cette renaissance. Les moyens de recruter de nouvelles élites parmi ceux que le système rejette sur ses marges existent.

Et ils ne se limitent pas à un dosage subtil de pauvres dans les lycées riches, ou aux amicales pressions exercées sur les établissements privés par un ministère qui les subventionne. C'est de nouveau confondre le quantitatif et le qualitatif.

La vraie mixité scolaire consiste à insérer des élèves capables parmi d'autres élèves capables, quels que soient les revenus familiaux des uns et des autres. Croyez-vous que les pauvres soient plus bêtes que vous ? Peut-être n'ont-ils pas les bons usages, peut-être n'ont-ils pas les mêmes mots. Mais c'est à vous, enseignants, de les leur apprendre, tout en leur apprenant à bien rédiger des dissertations ou des problèmes. Si vous protestez – et malheureusement vous protestez –, cela met au jour vos propres carences : trop d'instituteurs usent de mauvaises méthodes, trop de profs de collège se contentent d'une routine désastreuse, trop d'enseignants dans les lycées ronronnent, je suis désolé de le dire.

Tel est l'objet de ce livre. Je veux plaider pour la renaissance de l'École et pour la renaissance de la France, qui lui est étroitement liée. Si nous montons le niveau d'exigence, c'est le niveau entier d'une population qui s'élèvera. Et si les technocrates quadragénaires (et parfois plus jeunes) qui nous gouvernent sont aussi nuls, c'est qu'ils sont les produits corrompus de l'École telle qu'elle a été déconstruite depuis quarante ans.

1

École des riches, école des pauvres

Les trente dernières années se caractérisent par une prolétarisation de la classe moyenne, qui faisait tampon et s'accrochait, *via* diverses stratégies d'évitement, à l'illusion que ses enfants échapperaient à la « Fabrique »... Ses représentants avaient juste assez de connaissances – acquises dans le système éducatif antérieur – et d'entregent pour obtenir une dérogation sur la carte scolaire, choisir les bonnes options (latin jadis, puis maths, allemand, etc.) garantes dès la sixième de classes de niveau discrètes, malgré la doxa du collège unique. Prometteuses à moyen terme d'une orientation vers un lycée où existent ces filières. Ils avaient assez d'argent pour payer quelques cours particuliers, ou financer un voyage scolaire à prétexte linguistique chaque année.

C'était l'époque d'un PS social-démocrate et d'un RPR-UDF dominateur et sûr de lui. Les suffrages de la classe moyenne – 70 % de la population, quand même – se partageaient alors équitablement entre gauche raisonnable et droite discrète. Paupérisée, déclassée, elle incline aujourd'hui en grande partie vers le RN, et partiellement vers LFI. Elle glisse vers les extrêmes, où sont déjà les pauvres et les exclus. Elle laisse aux retraités et aux cadres très supérieurs le privilège douteux de voter pour l'extrême centre, dont Macron, depuis sept ans, est le représentant le plus illustre. Élu par des retraités issus du baby-boom, on comprend qu'il suscite l'ire de ceux qui ne le sont pas encore, et qui savent désormais qu'ils le seront plus tard, et qu'ils végéteront.

Quant aux jeunes et aux communautaristes divers, ils s'abstiennent ou optent pour des modes d'opposition plus radicaux.

Désormais, l'Éducation nationale est nue. Les seuls établissements qui caracolent toujours en haut de ces classements dont les médias sont friands sont une poignée d'écoles – privées ou publiques – installées dans les beaux quartiers. Toutes les autres, publiques ou privées, sont intellectuellement et socialement paupérisées, le seul avantage du privé résidant dans une meilleure discipline.

Le sentiment de la dépossession et du glissement social vers l'abîme commence à l'orée des années 2000. Peut-être explique-t-il le succès de la première époque de *La Fabrique du crétin* (2005). J'avoue mon étonnement (et ma naïveté) devant la dissonance entre l'audience du livre (125 000 exemplaires vendus) et l'immobilisme du système : malgré les analyses avant-gardistes d'élites intellectuelles averties (Jean-Claude Michéa par exemple[1]), le noyau dur de la classe moyenne n'avait pas encore pris conscience qu'il plongeait inexorablement vers une

1. Lire *L'Enseignement de l'ignorance et ses conditions modernes*, Climats, 1999.

paupérisation accélérée ; il en avait le sentiment sans en avoir encore toutes les preuves ; quant aux dirigeants, ils s'en fichaient pas mal. Le protocole de Lisbonne (2000) promettait un avenir doré à 10 % des enfants – ceux des oligarques au pouvoir – et considérait les 90 % restants comme la future variable d'ajustement d'un système libéral en voie d'ubérisation rapide. Mais ce processus n'est entré que lentement dans les consciences ; chacun s'est longtemps illusionné sur la capacité de ses enfants à dépasser la situation de ses parents, alors que pratiquement ils étaient voués à une destinée sociale bien plus incertaine. Pour ne prendre qu'un exemple, l'accès à la propriété immobilière est aujourd'hui hors de portée dans les trois quarts de la France urbaine. Et « l'École pour tous » est un beau mensonge, puisqu'elle est construite en goulet d'étranglement, des meilleures filières vers le supérieur et les grandes écoles.

Les illusions sont désormais perdues. C'est ce qui explique le vrai succès de *La Fabrique du crétin* seconde époque (2022). Il a fallu dix-sept ans à la classe moyenne paupérisée pour comprendre qu'elle ne pesait plus rien, et que l'on traitait déjà ses enfants comme de futurs consommateurs de biens à obsolescence programmée, de programmes télévisés débiles, de pseudo-libertés médiatiques sur les réseaux sociaux, et de pizzas surgelées.

Les « bons » établissements, dont la liste occupe les pages des journaux à chaque début de printemps – et peu importe que leur distinction soit méritée ou indue –, sont des havres scolaires montés en épingle pour faire rêver ces ex-petits-bourgeois qui n'ont plus aucune chance d'y inscrire leur progéniture. Un peu comme cette « cuisine décorative » dont parlait jadis Roland Barthes[1] : on admire les belles images, mais on n'a pas les moyens d'acheter les produits qui permettraient de réaliser la recette.

Il faut des programmes autoritaires, comme la procédure Affelnet à Paris, pour qu'une petite part des exclus accède à ces îlots d'élite, et rejoigne ceux qui y sont « naturellement », moins par qualité intrinsèque que par domiciliation. À remarquer que cette réforme, qui n'a pour le moment montré que des aspects positifs, ne touche pas le privé, qui peut continuer à sélectionner sur dossier et ressources financières, et cultiver un entre-soi de bon aloi.

La « carte scolaire », inventée en France en 1963, et imposée peu à peu via la création des CEG (collèges d'enseignement général) et les CES (collèges d'enseignement secondaire), visait à brasser les populations. Dans les faits, elle a réussi le contraire. Né en 1953, j'ai bénéficié du système antérieur, dit « en quartiers d'orange », où, quand vous habitiez dans des périphéries douteuses, ce qui était mon cas, vous alliez en sixième dans des lycées de centre-ville. C'est fini : désormais, quand vous habitez le ghetto, vous allez au collège du ghetto, et au lycée construit tout à côté. Des établissements sociologiquement purs, et parfois ethniquement de même. Si par hasard subsistent là quelques familles aisées, elles ont recours au privé ou au piston pour exfiltrer leurs enfants. Un système de filtres successifs, via les options « rares » sélectionnées avec soin par des familles informées (hier le latin ou l'allemand, aujourd'hui des langues rares et exotiques, le coréen par

1. In *Mythologies*, Seuil, 1957.

exemple), assure aux « héritiers » des beaux quartiers un entre-soi de qualité.

Que ces jeunes gens bien nés passent aux yeux des enseignants pour de « bons élèves » qu'il ne faut surtout pas confronter aux voyous de la périphérie est une vilaine plaisanterie. Elle témoigne du manque de qualité ou de vitalité de professeurs qui se satisfont d'enfants conformes et conformistes, comme ils l'ont souvent été eux-mêmes autrefois. À ne pas mettre en concurrence avec ceux qui n'ont pas les codes mais ont parfois des aptitudes bien supérieures.

La source de notre enseignement à deux vitesses est dans cette dissociation, entérinée par le système, entre les « fils et filles de » et les enfants de personne. Mais qui ne voit qu'à fonctionner ainsi nous nous privons de nombreux talents, et d'un renouvellement des cadres qui redonnerait vie à un pays désormais moribond ? Le parti politique qui se saisira de la question et renversera la table – car le système est dans un tel état de délabrement d'un côté et de cristallisation de l'autre qu'il ne peut plus se satisfaire de réformes partielles – gagnera la prochaine guerre, parce qu'il ramènera les déclassés devant les urnes.

2

L'école n'est pas faite pour les pauvres

Jean-Paul Delahaye est inspecteur général, ex-directeur général de l'enseignement scolaire, et ancien conseiller au ministère de l'Éducation dans les années 2012-2017 – pas les meilleures… Il connaît à fond les rouages de la Rue de Grenelle et son ombre portée sur toute la France. À ce poste, il avait alors publié un rapport éclairant : *Grande Pauvreté et réussite scolaire, le choix de la solidarité pour la réussite de tous.* Il l'a repris dans un petit livre d'une grande pertinence, intitulé *L'école n'est pas faite pour les pauvres*[1].

Delahaye lui-même n'est pas sorti de la cuisse de Jupiter. Il arrive d'en bas, là où statistiquement on reste à vie quand on y est né. Il a d'ailleurs évoqué son parcours dans un livre paru il y a deux ans et intitulé *Exception consolante*[2] – une expression empruntée à ce grand pédagogue, porteur de la réforme de Jules Ferry, que fut Ferdinand Buisson. On avait déjà saisi, sous la

1. Le Bord de l'eau, 2023.
2. Librairie du Labyrinthe, 2021.

IIIe République, que l'École favorisait les favorisés et s'intéressait modérément aux humbles. C'était l'époque où la bourgeoisie au pouvoir pensait que les classes laborieuses étaient des classes dangereuses. Mais enfin, il fallait bien former ces enfants que l'on se promettait d'envoyer au front à la prochaine guerre – ce qui n'a pas raté. Après tout, Ferdinand Buisson était revenu de Prusse ébloui par le système d'éducation mis en place par Bismarck.

Delahaye, qui rend hommage dans ce livre à sa « mère courage » qui éleva seule ses enfants dans un coin perdu de Picardie, n'a jamais épargné ses critiques à un système scolaire qui sépare soigneusement les torchons (présumés sales) et les serviettes – toujours propres. Il s'est retrouvé, grain de pauvre dans l'engrenage de la grande machine inégalitaire, professeur d'histoire-géographie, avant de monter l'échelle de Jacob de la haute fonction publique, faisant de l'exclusion, de la grande pauvreté et de la violence son domaine de recherche et d'application.

« L'école, dit-il en introduction, ne creuse certes pas les inégalités mais elle porte sa part de responsabilité dans leur permanence à un niveau insupportable. » Et de poser le problème qui concerne tous nos enfants : « Comment comprendre l'existence simultanée d'établissements scolaires en grande difficulté et d'établissements scolaires qui vont très bien, pas seulement des établissements privés mais aussi des établissements publics, réservés à une élite sociale et à quelques bourgeois méritants ? »

Je lui sais gré d'être arrivé aux mêmes conclusions que moi : l'École est un système darwinien, qui se préoccupe de la survivance au sommet d'un groupe restreint, quitte à laisser dans la poussière 90 % de la population scolaire.

Dans un pays qui consacre à l'Éducation le budget le plus élevé des pays européens, il est significatif que l'écart entre les plus favorisés et les autres n'ait cessé de grandir. « En 2019, explique Delahaye, on a dépensé 10 110 euros par an pour un étudiant d'université, 14 270 euros pour un étudiant de BTS et 15 710 euros pour un élève de CPGE [classe préparatoire aux grandes écoles]. [...] En CPGE, où va beaucoup d'argent, les enfants des cadres représentaient 42 % des élèves des classes préparatoires il y a quarante ans, contre 51 % aujourd'hui – alors qu'ils représentent le quart de la population. Dans le même temps la part des enfants d'ouvriers a baissé de 9 % à 7 %. »

C'est dire que les diverses politiques – de droite et de gauche – qui feignaient de se préoccuper des ZEP et autres lieux de perdition scolaire ont porté leurs fruits : jamais l'écart n'a été si grand qu'après trente années d'investissements. Ce qu'affirmaient Passeron et Bourdieu (dans *Les Héritiers*, puis dans *La Reproduction*) et qui n'était pas faux à l'époque (l'école est le lieu de la reproduction sociale, au mépris même des réels talents) l'est bien davantage aujourd'hui[1]. Non seulement l'écart entre école des riches et école des pauvres n'a pas diminué, mais il s'est creusé. Vingt ans de politique de gauche, de Mitterrand à Hollande, en passant par la cohabitation Chirac-Jospin, ont eu pour effet de marginaliser davantage les exclus.

1. Paul Pasquali a dépassé les analyses de Passeron et Bourdieu, en les actualisant, dans *Héritocratie. Les élites, les grandes écoles et les mésaventures du mérite (1870-2020)*, La Découverte, 2021.

C'est que dans le même temps la gauche s'est désintéressée de ces prolétaires qui constituaient hier la base de son électorat. À chercher les « nouveaux prolétaires » – comprenez : les immigrés et leur descendance –, elle a oublié les pauvres bien de chez nous, et ces classes moyennes que le libéralisme, adopté dans l'enthousiasme après 1983 et le « tournant de la rigueur », a plongées dans le doute et la précarité.

Delahaye constate donc qu'aujourd'hui « les enfants des riches et des intellectuels reçoivent du budget de l'Éducation nationale entre trois et quatre fois plus d'argent que les enfants des pauvres ». Et les profs n'oublient pas de privilégier leur progéniture. Combien de militants qui défendent bec et ongles aujourd'hui les lycées professionnels consentiraient à ce que leurs enfants soient inscrits dans ces espaces de relégation ? « Ceux qui s'opposent à la transformation d'un système qui fait si bien – mais à quel prix ! – réussir leurs propres enfants se situent sur l'ensemble de l'échiquier politique, savent se faire entendre, défendent les positions acquises, et ont un pouvoir de retardement des réformes, voire de blocage. »

Il y a une immense tartufferie dans le souci égalitariste des belles âmes. « Les inégalités à l'école, précise notre auteur, ne nuisent pas à tout le monde. Beaucoup de parents qui pensent et qui votent à gauche ou à droite n'ont pas forcément envie d'élargir la base sociale de la réussite à l'école. » Qu'en termes élégants…

Bien sûr que ceux qui sont en place n'ont aucune envie de laisser s'élever des enfants venus de nulle part, alors qu'il est si simple de concevoir une École qui favorisera prioritairement leurs propres enfants ! En veine d'hypocrisie, cette oligarchie au pouvoir depuis des décennies organise sur la marge l'accession « au mérite » de quelques individus cités en exemple, arbres qui cachent la forêt de ceux qui sont impitoyablement rejetés par le système : « Quelques "méritants" des milieux populaires exfiltrés dans des internats dits "d'excellence", quelques "exceptions consolantes" accueillies charitablement dans les filières élitistes, ne suffiront pas à renverser la tendance qui s'inscrit malheureusement dans la durée. »

J'ai moi-même officié douze ans durant au lycée Thiers, dans une classe post-bac réservée à de tels élèves « méritants » issus des ZEP les plus dures de Marseille, et formés pour réussir le concours des IEP de province[1]. Je sais ce que requiert l'effort de distinguer une petite trentaine d'élèves sur les 77 000 écoliers de la cité phocéenne. Je sais aussi les mérites de ces heureux élus pour s'extirper du cocon de médiocrité dans lequel l'École les avait englués.

Les statistiques ministérielles qui célèbrent chaque année la réussite au bac d'un nombre de plus en plus élevé d'élèves – on a depuis belle lurette dépassé l'objectif chevènementiste de 80 % d'une classe d'âge au bac – ne sont en fait, pour reprendre l'expression fort heureuse du sociologue Pierre Merle, qu'une « démographisation », c'est-à-dire une « démocratisation ségrégative » ou quantitative. Là encore, le quantitatif sert à faire oublier les

1. Classe étudiée en profondeur et sur plusieurs années par Paul Pasquali dans *Passer les frontières sociales. Comment les « filières d'élite » entrouvrent leurs portes*, Fayard, 2014 ; La Découverte poche, 2021.

errances du qualitatif. Faire oublier par exemple que « 90 % des enfants de cadres et d'enseignants ont le baccalauréat sans problème sept ans après leur entrée en sixième et que ce n'est le cas que pour 40 % des enfants d'ouvriers ». De toute façon, les enfants d'ouvriers, on les oriente en BEP.

Le problème n'est pas de faire réussir une immense majorité, quitte à baisser abusivement la barre, mais d'amener chaque élève de ce pays à exprimer ses talents – quelles que soient ses origines et sa condition sociale. Ce n'est pas une question morale de droit, c'est une nécessité sociale si nous ne voulons pas que notre pays se sclérose.

Mais, sclérosé, il l'est déjà. Delahaye, fin connaisseur du système, note que la création du bac techno, en 1965, puis du bac professionnel, en 1985, permettait d'étendre l'étiquette « bac » à des catégories essentiellement populaires que cela remplissait d'aise, tout en réservant le bac général aux enfants de la bourgeoisie. « On a démocratisé en apparence l'accès au baccalauréat mais l'élite sociale s'est réservé la voie qu'elle estime être la plus porteuse. » Alain, en 1932 (dans *Cent un propos sur l'éducation*), ironisait déjà sur cette « admirable égalité, qui donne tout à ceux qui ont déjà beaucoup ».

La revendication de l'« élitisme républicain » camoufle l'élitisme social qui est la clef du système éducatif. Évidemment, les solutions existent – mais c'est là que je me sépare de Delahaye. Je ne crois pas que ce soit en renforçant la préparation à la pédagogie des nouveaux enseignants que l'on améliorera le système, mais en les formant dès le niveau bac + 1 de façon intensive à la maîtrise des savoirs profonds. D'autant que les élèves ont le plus grand respect pour l'enseignant qui sait – et qui transmet, de façon verticale, ses savoirs. L'exigence des enseignants est une marque de respect à leur égard, disent-ils – et ils ont raison. Il n'y a qu'à voir ce que ces élèves pensent des enseignants qui ne se sont pas donné la peine de leur apprendre correctement la grammaire, lorsqu'ils se retrouvent face à un prof qui a décidé de leur enseigner les subtilités du français…

Les solutions que Delahaye préconise – revenir en primaire à une semaine de quatre jours et demi au moins – ne suffiraient pas à combler l'abîme entre ceux qui arrivent en classe chargés de toute une culture héritée au berceau et ceux qui y débarquent en état d'acculturation totale – particulièrement linguistique. S'ils reprennent l'arabe entre eux dès qu'ils sortent du collège, c'est que l'arabe leur est plus simple et plus familier que le français. C'est qu'on ne leur a pas appris le français.

Ce n'est qu'en différenciant les horaires et les programmes – à réécrire d'urgence – que l'on parviendra peut-être à débloquer un système encrassé par les intérêts de classe : cinq jours de classe en primaire pour tout le monde, six jours pour les plus démunis. Quitte à payer les instituteurs de façon différenciée. Il faut en tout cas valoriser ceux qui abattront le plus de travail, et formeront le mieux leurs élèves.

Parce que leurs élèves, ce sont nos enfants.

3

Venir d'en bas, aller en haut

Mon ami Frédéric Éleuche, qui a quelques années de plus que moi, fut longtemps la mémoire du Snalc, dont il était secrétaire national, et dont il est toujours président d'honneur, pour la région de Nice, où il passe désormais une retraite bien méritée.

Son parcours exemplaire dans les années 1960 donne une idée de la façon dont pouvait fonctionner alors l'École de la République – et dont elle devrait aujourd'hui fonctionner. Je l'ai interrogé à ce sujet : je recopie ici sa réponse. C'est à la fois un parcours de vie, et l'affirmation qu'avec du travail – bien plus de travail que pour ceux qui sont nés avec une cuiller en or dans la bouche – et des maîtres exigeants on peut réussir.

Comme je l'interrogeais sur son parcours, il m'a fait la réponse suivante :

« Cher Jean-Paul,

À l'heure où le mérite et l'effort ne sont plus que des mots dont le sens se perd chaque jour davantage, j'ai pensé utile de te raconter mon parcours à l'école républicaine.

Fils d'un père tunisien musulman et d'une mère française, je commence par l'école coranique tunisienne pendant deux ans et demi. J'apprends sans en comprendre un mot le Coran par petits bouts que l'on m'envoie réciter dans la cour de l'école à un imam aveugle qui vous tient par la main et la frappe avec un bâton si l'on se trompe en récitant.

Ma mère divorce et obtient ma garde. Elle m'envoie dans une école religieuse jusqu'à l'entrée en sixième.

À l'époque (1951), on entre en sixième après avoir réussi un examen.

Je suis donc au lycée, où j'obtiens le prix d'excellence en sixième, le prix d'honneur en cinquième, le prix d'excellence à nouveau en quatrième. Tombé malade alors que je suis en troisième, il faut m'opérer à la jambe. J'obtiens le brevet quand même grâce à l'École universelle par correspondance.

Ma mère et moi quittons la Tunisie clandestinement pour échapper à mon père, qui, après m'avoir obligé à apprendre l'arabe dès l'entrée en sixième, veut maintenant m'enlever à ma mère : la Tunisie est devenue indépendante.

Je termine l'année de seconde au lycée de Bruay-en-Artois (devenue depuis Bruay-la-Buissière) et entre en première dans un cours privé à Nice, où j'obtiens ma première partie de baccalauréat mention "assez bien" puis en philosophie, où j'obtiens la même mention.

Que faire ? Le centre d'orientation conseille à ma mère, vu mon profil de bon élève, de m'inscrire en Lettres supérieures classiques au lycée de garçons de Nice, devenu depuis le lycée Masséna. Je vis là pendant trois ans mes meilleures années, car c'est là que je tombe amoureux de la langue française et de ses subtilités.

À la fin de l'année 1959-1960, je passe en vain l'examen de propédeutique sans lequel on ne peut commencer d'études supérieures : premier barrage. Je le repasse à la fin de l'année 1960-1961, sous la forme d'un concours qui permet d'entrer dans l'Institut de préparation à l'enseignement secondaire (Ipes). Il y a quatre places pour toute l'académie (qui comprend à l'époque celles d'Aix-en-Provence, de Nice et de la Corse). Je suis reçu premier et reçois mon premier salaire (520 francs !), grâce auquel ma mère peut ne plus travailler pour payer mes études. Deuxième barrage.

J'entame des études de licence d'histoire. À l'époque, il n'y a pas d'équivalence avec l'université : il faut réussir trois certificats d'histoire et un de géographie. Le premier, celui d'histoire ancienne, comprend une dissertation sur le programme, une version latine (si, si !) et une épreuve d'épigraphie latine ou science auxiliaire d'histoire. Il s'agit de compléter un texte généralement inscrit sur une tombe romaine, de le traduire, de l'expliquer et de le dater ! C'est ainsi que je me suis retrouvé à plancher sur un texte de l'époque d'Hadrien.

L'oral comportait deux interrogations, l'une sur le programme, l'autre sur le hors programme : ma leçon portait ainsi sur l'histoire de l'Asie antérieure des origines au XIIe siècle avant Jésus-Christ ! Le professeur à Aix s'appelait Jean-Rémi Palanque, historien du christianisme dans l'Antiquité romaine. Le certificat d'histoire du Moyen Âge comportait aussi une épreuve écrite et les deux orales. Mon professeur s'appelait Georges Duby et n'avait pas encore la notoriété qui lui a permis sa nomination à

Paris. Celui d'histoire moderne et contemporaine idem. Mon professeur s'appelait Pierre Guiral – immense historien qui a laissé nombre d'ouvrages sur l'histoire de Marseille et de sa région.

Enfin, la terreur des historiens, le certificat de géographie.

Puis ce fut le Capes et le stage accompli aux lycées Cézanne et Mignet. Aucun cours en centre pédagogique régional, mais des professeurs tuteurs qui m'ont appris le métier, bien mieux que ne le fait aujourd'hui le rapport sur un thème que l'on ne connaît pas et qui n'est même pas le compte-rendu au jour le jour des cours que l'on a faits ou entendus ou écoutés ! Et je ne parle pas de l'IUFM ou de ses succédanés, où les stagiaires m'ont fait part, durant ma carrière syndicale, de la peur permanente qu'ils éprouvent face à leurs "formateurs".

Enfin, première nomination au lycée de Gondecourt, dans le Nord.

J'arrête là mon récit qui n'a qu'un seul but : montrer que la sélection est le moyen le plus démocratique que je connaisse, surtout celle du concours. Tu as vu que mon parcours ne doit rien à mes origines sociales, mais à mes efforts et au mérite, toutes choses abandonnées. Montrer aussi que devenir professeur même au temps où l'on manquait terriblement d'enseignants (les années 1950-1970) n'était pas une sinécure. On était exigeant. On en est aujourd'hui à envisager de recruter des enseignants sans concours : quelles compétences auront-ils, quels savoirs maîtriseront-ils ?

Je voulais montrer que, socialement défavorisé (père tunisien qui m'oblige à apprendre l'arabe en sixième au lieu de l'anglais, que je n'ai abordé qu'en quatrième ; mère divorcée, mais qui a le bon sens de m'inscrire en sixième en latin – car à l'époque on commençait le latin en sixième –, où j'en ai bavé, mais je suis si content aujourd'hui d'être passé par le latin), on pouvait s'en sortir quand même par la volonté et le sérieux.

Qui pouvait se douter qu'un simple fils de divorcés arriverait au Snalc, y adhérerait en 1971, serait élu président académique de Nice en 1976, puis simple membre du bureau national en 1982, élu et réélu vice-président du Snalc de 1984 à 2006, élu secrétaire national sans discontinuer jusqu'en 2023, représentant le Snalc au Conseil supérieur de l'éducation et y défendant ardemment la fameuse loi sur le "foulard" en 2004 ? Parce que la laïcité, je l'ai vécue de l'intérieur, et j'ai été assez longtemps sous la férule de l'enseignement religieux pour savoir ce qu'il en coûte.

Oui, je suis fier de ce parcours et si malheureux qu'il ne soit guère possible aujourd'hui – en tout cas pas pour un fils de personne comme moi.

Et, au moment où je t'écris, l'émotion m'étreint de voir notre École si rabaissée.

P.-S. – Encore un témoignage : ma belle-mère était institutrice de l'école normale de Douai et a terminé sa carrière à Nice dans les années 1960 avec des classes de quarante élèves en CP. Ces quarante élèves savaient tous lire et écrire en décembre. Son dernier inspecteur a osé lui dire qu'il était temps de prendre sa retraite, car on n'avait plus besoin d'institutrices comme elle ! Que dirait-elle aujourd'hui en apprenant que le ministre instaure des heures de soutien en français et en mathématiques en sixième, alors que tout le monde sait que c'est dans les premières années de l'école qu'on apprend le b.a.-ba et qu'en sixième c'est trop tard ?

J'arrête là – je pleure sur mon clavier !

Bien amicalement… »

4

La quête de la mixité scolaire

La « mixité scolaire » est devenue, en quelques mois, la tarte à la crème de la rubrique éducation. Pap Ndiaye, émoustillé par la réforme Affelnet à Paris, aurait voulu lier son nom à un rééquilibrage entre collèges (ou lycées) réservés à une élite autoproclamée et établissements en déshérence, où le ghetto social s'entasse dans le ghetto scolaire.

Ambition louable, mais qui n'a aucun sens si on ne l'exerce pas de façon que les uns et les autres profitent de l'opération. Qui n'a aucun sens non plus si sa seule motivation est de donner du grain à moudre à la cellule Communication du ministère. Opération mort-née, dès lors que l'on ne veut pas inclure l'enseignement privé dans le mécanisme de transfert – et bien des membres du gouvernement, y compris l'Élysée, plaident pour la paix scolaire, l'autre nom du maintien des privilèges acquis. Le privé, qui est très loin de ne compter que des établissements d'excellence, pourra ainsi se targuer de résister à la tentative, vouée par définition à l'échec, de transvaser les élèves oubliés des territoires perdus de la République dans des institutions chics qui se prétendent d'élite.

Quête aussi désespérée que celle du Graal, qui est moins la quête du vase dans lequel Joseph d'Arimathie a recueilli le sang du Christ que la quête du langage, par un Perceval quasi aphasique. Le sentiment de la suprématie du langage ne date pas d'hier.

La création toute récente de l'IPS (indice de position sociale) a donné une apparence de scientificité à cette volonté de mixité.

Qu'est-ce que l'IPS ? À en croire le ministère, les valeurs de l'IPS représentent les conditions socio-économiques et culturelles moyennes des professions. Il s'agit de déterminer des valeurs de référence pour chaque PCS (profession et catégorie sociale) des parents, ou pour chaque couple de PCS (père et mère). Puis il suffit d'appliquer ces valeurs de référence aux PCS disponibles dans l'établissement scolaire et de calculer leur moyenne pour obtenir l'IPS moyen de l'établissement. Il en résulte un indicateur statistique continu qui permet aussi de prendre en compte le profil des deux parents des élèves.

Tel établissement privé de la capitale (l'école Saint-Jean de Passy, dans le XVIe arrondissement) a un IPS de 151,7, pendant que l'école de la Goutte-d'Or, dans le XVIIIe, plafonne à 75,6. Mais ce sont là de petits joueurs : l'école primaire du village guyanais d'Antecume-Pata a un IPS de 49,6, record de France, pendant que l'école Louis-Blériot de Buc, dans les Yvelines, est à 155,6. C'est cela, la France à deux vitesses. Une ségrégation bien comprise.

Ces indices, rendus publics par le ministère, ont amené maints parents à intriguer pour inscrire leurs enfants dans les établissements les plus huppés, ce qui, par effet mécanique, augmente l'IPS de l'établissement, qui du coup sera encore plus recherché par les parents fortunés. Ainsi fonctionne la machine infernale de la *reproduction*.

Que l'on comprenne bien : il ne s'agit pas d'espérer un niveau scolaire supérieur, mais de se rapprocher le plus possible des lieux où sont inscrits les enfants de la caste – l'oligarchie qui gère la France. Le souhait n'est pas scolaire, il est purement social.

Les enseignants chercheront de leur côté à se faire muter dans des établissements « tranquilles », c'est-à-dire où les élèves arrivent en connaissant les codes élémentaires de politesse et d'obéissance aux règles. Et ils y inscriront leurs enfants, bien qu'en moyenne ils résident rarement, vu ce que sont leurs salaires, dans les quartiers de l'élite immobilière.

Bien sûr, les rééquilibrages envisagés opèrent toujours dans le même sens : on ira puiser dans le réservoir sans fond des quartiers populaires un certain nombre d'élèves déshérités que l'on infiltrera dans des écoles huppées. Seul un régime très autoritaire pourrait suggérer en même temps un processus inverse, où les enfants de la caste iraient s'encanailler dans les écoles de la racaille – ou présumée telle.

Cette rengaine sur la mixité scolaire est à rapprocher de celle, tout aussi dérisoire, sur l'égalité des chances.

C'est le mantra par excellence de ceux qui ne veulent pas réfléchir plus avant. Il a enfanté, en 2012, ce gag étrange que fut le ministère de la Réussite éducative, confié à George Pau-Langevin. D'égalité réelle des chances, dans ce système, pas de nouvelles. Le fait même que des programmes nationaux soient applicables dans tous les établissements et à tous les élèves, quel que soit leur niveau effectif, mine dès le départ cette fiction d'égalité.

Il faut absolument dissocier programmes et établissements, afin que les déshérités bénéficient de plus d'heures, de plus de cours, et que les héritiers se contentent du minimum – puisqu'ils ont déjà le maximum, par simple effet de naissance.

À noter que des signes existent déjà qui entérinent les différences entre établissements. Ainsi, pour le bac de français, existent parallèlement des corrigés nationaux et des corrigés académiques – avec des instructions nettes des inspecteurs pour préférer ces derniers. La fiction d'une égalité de tous les petits Français n'est même plus entretenue par l'institution, qui suggère dans les faits que les élèves de première d'Aix-Marseille, par exemple, sont moins doués que les petits Parisiens.

Après avoir connu une vraie démocratisation sous la IIIe République, le système éducatif est revenu en deçà de 1789. Les féodalités se sont reconstituées. Et les privilégiés d'aujourd'hui ont la même morgue que les aristocrates d'hier, la particule en moins.

Si j'étais cynique, je soupçonnerais cette croisade en faveur de la mixité scolaire d'avoir l'objectif inavoué de confronter les futurs dirigeants à ceux qu'ils commanderont plus tard, ou dont ils solliciteront les suffrages. C'était la politique du regretté Richard Descoings, directeur de Sciences Po Paris au début des années 2000, qui avait décidé de faire entrer rue Saint-Guillaume un certain pourcentage de postulants issus d'établissements très périphériques, afin que les privilégiés qui constituent le gros des troupes de cette honorable institution soient amenés à côtoyer des entrants plus bronzés que d'habitude, avec des noms aux consonances étranges. Afin qu'ils aient une petite idée de la France d'en bas, qu'ils sont destinés à régenter et par laquelle ils se feront élire, si l'envie les saisit de devenir président de la République.

Rassurons tout de suite les lecteurs distingués qui me lisent : quasi aucun de ces élèves exogènes n'a intégré l'Ena[1] – parce que peu importe le parcours scolaire si l'on n'a pas les codes de ces fiefs enkystés que sont les grandes écoles. Najat Belkacem, paysanne marocaine d'importation, non, malgré deux tentatives ; mais son époux Boris Vallaud, issu d'une famille d'intellectuels notoires, oui – du premier coup, et dans la même promo qu'Emmanuel Macron. Un peu de mixité en bas, mais pas en haut.

La suppression de l'épreuve de culture générale à l'écrit et son remplacement par un oral où l'on détecte en dix secondes à qui l'on a affaire n'ont fait que renforcer un recrutement de classe. Selon la Cour des comptes, 72,2 % des anciens élèves sont enfants de cadres. Seuls 9,6 % sont enfants d'agriculteurs et d'artisans, et 6 % enfants d'ouvriers et d'employés. La mixité sociale est un écran de fumée qui cache la pérennisation des élites.

1. Devenue le 1er janvier 2022 l'Institut national du Service public.

Un algorithme calcule donc l'IPS des élèves (et, de là, celui de l'établissement). C'est sur cette base statistique que s'appuient les services du rectorat de Paris pour exfiltrer fin troisième des élèves des établissements « pauvres » vers les établissements « riches ». Depuis deux ans que l'opération a été lancée, elle a suscité bien des commentaires haineux, les fauves n'étant guère disposés à partager leur coin de brousse, ni les nantis à renoncer à leurs privilèges – j'en parlerai plus loin en détail. À doses homéopathiques pourtant, l'essentiel étant que l'opération profite à ces nouveaux entrants sans défavoriser… les favorisés. Les premiers retours confirment d'ailleurs le bien-fondé de la spéculation qui présida à cette révolution : le niveau des sacro-saints « grands » lycées de la capitale n'a pas baissé. À croire que les petits pauvres ne sont pas moins intelligents et studieux que les petits riches, pour peu qu'on leur donne une chance de faire valoir leurs qualités. Incroyable !

Bien sûr, les établissements privés, y compris ceux qui sont sous contrat, ne sont pas concernés par cette redistribution. L'État les subventionne grassement, mais pour rien au monde ne voudrait empiéter sur leurs prérogatives administratives et pédagogiques. Ce sont des entreprises dans lesquelles on investit sans espérer le moindre retour sur investissement. C'est bien pratique, je me demande pourquoi grands et petits entrepreneurs n'y ont pas pensé.

Soyons sérieux : le critère économique n'est que la porte d'entrée. Ce qui compte, ce sont les pratiques pédagogiques.

Figurez-vous qu'elles ne sont pas exactement les mêmes dans les établissements « d'élite » et dans les collèges du *vulgum pecus*. D'un côté, assiduité, travail, discipline, et souvent des enseignants chevronnés, parce que le système des mutations fait qu'on n'y entre qu'au terme d'un parcours initiatique qui vous envoie pendant vingt ans dans les établissements difficiles de territoires perdus avant de vous récompenser de votre résilience par un poste à Henri-IV ou Louis-le-Grand. De l'autre, des néoprofs envoyés au casse-pipe, un brouhaha constant, du racket et du harcèlement, et des pratiques pédagogiques innovantes, comme on dit quand on vend du vent et de la didactique sans contenus : classes redistribuées en « îlots », sorties scolaires incessantes, constructivisme permanent, utilisation « pédagogique » (bien sûr...) de TikTok et volupté de ne rien faire en laissant les élèves s'exprimer – et s'ennuyer, souvent, comme les élèves de François Bégaudeau dans *Entre les murs*.

C'est d'autant plus étrange, au premier examen, que les bonnes conditions d'enseignement sont ce qui est le plus facile à instaurer, *via* un règlement intérieur un peu strict. Tolérance zéro, tenues vestimentaires décentes et sans prosélytisme, interdiction des portables, confisqués et rendus sur convocation aux parents afin de les responsabiliser (et sans excuses, parce que c'est aux parents de s'excuser), conseils de discipline à la première incartade – des conseils dont les sanctions doivent être dures, immédiates, sans appel ni sursis –, multiplication des exercices écrits, mobilisation des samedis matin pour faire des devoirs surveillés, et mise en place d'une répartition des élèves en fonction de leur niveau.

Tant pis pour le « collège unique », qui n'a jamais visé qu'à descendre le niveau des plus déshérités en permettant aux mieux nantis de se détacher « naturellement » : les syndicats enseignants qui défendent bec et ongles cette pratique instaurée par un ministre de droite, René Haby, portent une très lourde responsabilité dans le désastre actuel.

Quant aux pédagogues qui ont fourni aux politiques la justification de leurs visées, aucun gouffre ne sera assez profond pour qu'ils y cachent leur honte, quoiqu'ils n'en éprouvent aucune. Un contentement de soi commun à tous les vrais criminels.

Les classes de niveau existent d'ailleurs dans les faits, par le jeu des options. À mettre ensemble les latinistes ou les options rares, les Cham ou les Chase[1], on réalise de fait une classe de niveau où le tout-courant n'entre pas. Il est significatif de constater que le duo d'options linguistiques anglais-espagnol est devenu synonyme de classe à performances réduites. Parents, vous voici prévenus, au moment de choisir les langues vivantes qu'apprendront vos enfants !

J'évoquerai les diverses modalités d'une renaissance au fil de ce livre. Mais que le lecteur sache dès ce moment que la mixité scolaire n'est rien si elle est un pur instrument statistique, et si elle ne s'accompagne pas d'une réforme totale de la pédagogie : il faut donner plus à ceux qui ont moins, et recadrer ceux qui, ayant plus, croient avoir déjà tout à douze ans, sous prétexte qu'ils

1. Classes à horaires aménagés musique ou sport.

s'habillent et se chaussent chez les bons faiseurs, et vont skier l'hiver à Courchevel.

Pour contrarier la fatalité sociologique, l'académie de Paris a donc tenté, depuis 2021, une expérience inédite de mixité sociale soigneusement dosée en remodelant la procédure Affelnet qui régule le passage de la troisième à la seconde. Comme quoi il arrive, parfois, que l'administration œuvre dans le bon sens, selon le double sémantisme du terme : dans la bonne direction, et avec bon sens.

5

Affelnet et dépendances : un essai à généraliser ?

Juin 2021. « Quand vous avez éliminé l'impossible, tout ce qu'il reste, y compris l'invraisemblable, peut être vrai. » Journalistes, enseignants et parents des collégiens parisiens auraient dû méditer le principe de Sherlock Holmes, cela aurait évité à ces gens si intelligents – n'en doutons pas – d'avancer quelques grossières jobardises. « Que pensez-vous de cette manœuvre gauchiste ? » me demande un journaliste d'*Atlantico,* très déçu quand je lui ai expliqué que, non, la réforme en cours à Paris pour l'orientation collège/lycée (seconde générale et technologique) n'était pas de la discrimination positive ni un complot islamo-gauchiste.

Christophe Kerrero, recteur de Paris, a dû s'en amuser. Mais, comme il a le sang vif, sans doute concocte-t-il déjà, à l'heure qu'il est, un projet de stage dans les rizières de Camargue pour ce professeur de CPGE d'un lycée réputé qui a écrit à son proviseur qu'il fallait « s'opposer à cette révolution maoïste ». *Sic !*

Éliminons l'impossible : non, Christophe Kerrero, qui a été directeur de cabinet de Jean-Michel Blanquer, ne s'est pas converti à la discrimination positive, il n'a pas pris sa carte à Sud, ni à LFI ou chez les Indigènes de la République. Reste l'improbable, donc la réalité : un haut fonctionnaire a eu l'heureuse initiative de réformer un système sclérosé, générateur chaque année de milliers de frustrations et de réclamations. Les bobos parisiens, qui ont le cœur à gauche et la pédagogie à droite, avaient pris l'habitude de contourner les aléas de la carte scolaire pour faire entrer Mon chéri-Mon cœur (Mc-Mc dans les lignes qui suivent) dans le lycée idoine qui l'amènera vers la classe préparatoire souhaitée. Ils devront à leur tour passer sous les fourches caudines d'Affelnet. *Fatalitas !*

En dehors des établissements qui, pour tout un tas de mauvaises raisons, restèrent pendant un an encore hors mouvement (Henri-IV ou Louis-le-Grand, par exemple), de « grands » lycées parisiens – Charlemagne, Condorcet, Chaptal et les autres – sont depuis belle lurette l'objet de toutes les convoitises, et de toutes les déceptions. Pendant que d'autres – Paul-Valéry, par exemple – sont des nids de protestataires professionnalisés dès la seconde.

Quel était le système précédent ? Paris était divisé en quatre grands secteurs, très cloisonnés entre eux, démographiquement et socialement déséquilibrés, entre lesquels les flux étaient impossibles. Chaque année, des milliers de parents, angoissés à l'idée que Mc-Mc ne soit finalement pas inscrit dans l'établissement prestigieux où eux-mêmes ont fait leurs études, ou dont *Le Figaro* dit du bien dans son ineffable classement annuel, se pendaient à leur téléphone pour appeler telle ou telle de leurs relations susceptible d'intervenir en sous-main. Angoisse, consternation et piston. Est-il Dieu possible que Mc-Mc soit inscrit à Bergson, avec ses 60 % de boursiers ? Voire à Rabelais[1] ? En juin 2020, le rectorat a dû gérer plus de deux mille recours.

Que propose la réforme – dont les retours, en ce début juillet 2021, montrent l'extrême efficacité ? D'affecter les élèves sur des zones plus proches, chacune comportant plusieurs types d'établissements : un lycée « à réputation », mais aussi des bahuts de proximité, et quelques-uns, moins célèbres, offrant des options rares qui n'existent pas ailleurs. De distinguer trois secteurs, chacun plus éloigné du domicile, et chacun gratifié d'un total de points dégressif, afin d'inciter à aller au plus près. Et de doter les boursiers d'un statut particulier qui les fait tourner sur un quota de places réservées. Discrimination positive, nous voilà !

Les petites mains du rectorat ont donc fignolé leur nouvelle carte en se donnant trois directives :

— éviter l'effet ghetto (de riches ou de pauvres) tout en favorisant la proximité géographique ;

— favoriser une relative mixité sociale ;

— construire des classes équilibrées, et non des classes de niveau où se retrouvaient entre elles les élites parisiennes, enfants des élites parisiennes… Et, à terme, en finir avec les lycées « de niveau », dont la réputation, bla-bla-bla.

1. Le rectorat de Paris a justement doté les lycées méprisés de la capitale d'options alléchantes, susceptibles d'attirer ceux qui pouvaient hésiter.

S'il n'y avait qu'un argument à retenir, ce serait le dernier. Le pédagogue que je suis sait, de science sûre, qu'une classe à niveau homogène, en haut ou en bas, ne donne pas de résultats satisfaisants. Il faut de la diversité, des niveaux intermédiaires, pour que les « moins bons » se sentent tirés vers le haut, et que les « meilleurs » ne se désolent pas dans le désert de Gobi de la compétition à outrance. C'est vrai en seconde comme en prépa.

Admettons que Mc-Mc soit un très bon élève de troisième. Primo, vu les programmes de collège et la notation très généreuse des enseignants, cela ne signifie pas grand-chose (et c'est vrai aussi en terminale, les mentions « très bien » du bac sont en inflation constante : les « très bons » s'étalent en prépa, l'année suivante, comme les autres). Secundo, l'invraisemblable pression de ces classes d'élite crée un stress additionnel – la peur de ne pas contenter les attentes de p'pa-m'man – qui se traduit trop souvent par des comportements négatifs : anorexie, automutilation et addictions diverses. Les élèves ne cessent de se comparer : il faut qu'ils aient une perspective avant et arrière, une tête de classe qui caracole et une queue de classe qui s'efforce. C'est avec cela que l'on enseigne, en jonglant sans cesse avec les niveaux et la réceptivité des uns et des autres, en lisant la compréhension ou l'incompréhension dans les yeux des lycéens, en jouant de tout son corps comme dans un concours d'improvisation – pas en ânonnant un texte écrit depuis des lustres devant des adolescents résignés qui prennent des notes. Trop de professeurs, dans ces lycées supposés « d'élite », sont des « assis », comme disait Rimbaud. Et les élèves repèrent très vite l'enseignant vissé à son siège, à sa paperasse et à son cours antédiluvien.

La FCPE est (pour partie) montée sur ses grands chevaux, avant de soutenir la réforme, ce qui a entraîné de sérieuses bisbilles entre représentations locales et direction nationale. La PEEP a suivi. Comment ? Nous ne pouvons plus inscrire Mc-Mc à Charlemagne ou Chaptal ? Et de hurler au ghetto – alors que la réforme vise justement à dégraisser les ghettos existants.

On se rend alors compte que les objections auxquelles les médias ont ouvert complaisamment leurs colonnes ne visaient qu'à préserver l'entre-soi social. Qu'un organisme comme Le Café pédagogique prétende que « la réforme de l'affectation en lycée consiste surtout à assigner les élèves à leur territoire, la carte de la ségrégation urbaine influant alors sur la carte de la ségrégation scolaire », donne une idée de la façon dont les pédagos laissent parler leur fibre sociale, dès que leurs enfants sont concernés.

Ce n'est pas le niveau des lycées qui intéresse les bobos, c'est la constitution d'un futur carnet d'adresses. La perspective d'inviter les copains de classe à un rallye chic et choc. Ciel ! Charles-Édouard pourrait côtoyer Kevin ou Mohammed – l'un et l'autre d'un niveau respectable, mais qui n'ont pas fréquenté un collège pour élèves à haut potentiel ? « *The horror* », comme dirait Marlon Brando à la fin d'*Apocalypse Now.*

Il a fallu un an plein pour évaluer en détail les effets pédagogiques de cette réforme. Mais, dès sa première année d'exercice, le taux de satisfaction (inscription dans l'un ou l'autre des établissements demandés) dépassait les 95 %. Dans le détail, 84,1 % des élèves ont obtenu un de leurs trois premiers vœux, contre 80,4 % en 2021. Certes, des élèves se retrouvent sans lycée à la fin juin. En 2021, ils étaient 668 ; en 2022, 428. Mais cette fois ils sont sûrs de trouver un établissement : il reste plus de places vacantes que d'élèves sans solutions, contrairement à 2021.

Certes, des grincheux sont persuadés que Mc-Mc est un futur Blaise Pascal destiné à travailler sur une place boursière internationale en récoltant des himalayas de dollars. Mais l'École a-t-elle vocation à fabriquer des *traders* ? Elle doit former des citoyens, hors de tout ghetto, leur donner le goût de la France et amener chacun au plus haut de ses capacités. Et, pour avoir un peu connu l'artisan principal du projet, je peux assurer le lecteur que tel est bien l'objectif.

Juin 2022. Le microcosme des élites autoproclamées s'émeut : les établissements prestigieux Henri-IV et Louis-le-Grand entrent dans le droit commun en rejoignant la procédure Affelnet qui régit le passage au lycée à Paris. Une réforme nécessaire qui devrait être soutenue par la gauche, au moins, et qui est vilipendée par la gauche et par la droite. Ciel ! Leurs intérêts de classe (avec et sans jeu de mots) seraient-ils les mêmes ? Scandale ! clament-ils. L'élitisme républicain est bafoué. Pourquoi ne disent-ils pas carrément que c'est l'avenir de leurs enfants qui les préoccupe, et non celui des enfants des autres ? Le pré carré qu'ils s'étaient constitué risque d'être grignoté par de nouveaux arrivants. Question de territoire, question de survie. L'âge des cavernes est de retour. Darwin *for ever* !

Ces deux lycées, où la part des boursiers en seconde est symbolique (8 % à LLG, 8,9 % à H-IV), sont sommés de passer à l'étiage commun de la capitale, qui tourne autour de 24 % : depuis qu'Affelnet régit la procédure,

Condorcet est à 26 % de boursiers, Charlemagne à 28 %. Victor-Duruy même est passé de 8 à 16 % sans que la terre s'ouvre ou que la révolution gronde.

Il faut que le lecteur réalise bien de quoi on parle. Chacun des deux lycées susnommés dispose de sept classes de seconde – au total, un peu plus de cinq cents élèves. Une goutte d'eau. Quatorze classes plus ségréguées que les classes préparatoires de ces mêmes lycées, qui comptent entre 23 et 24 % de boursiers. Ce n'est plus de l'élitisme, c'est de l'entre-soi. Les « héritiers » de Bourdieu se concentrent dans ces deux lycées.

De surcroît, malgré les « cordées de la réussite » soi-disant mises en place pour favoriser un certain brassage scolaire, le recrutement se concentre sur quelques collèges favorisés – et à « H-IV » il opère sur le collège de la cité scolaire elle-même : seuls 17 élèves sur 269 affectés y sont issus de ces cordées, et 20 sur 262 à « LLG ». Une goutte d'eau. De même, le recrutement « national » des deux lycées est inexistant, sauf familles récemment arrivées à Paris – faute d'internat pré-bac.

Les cinq cents familles de ces cinq cents élèves se sont pourtant émues, et ont tiré toutes les sonnettes. Et, de la presse à l'Élysée en passant par l'Institut Sapiens d'Olivier Babeau[1], elles ne manquent pas de relations. Que des médias ou des organismes de droite s'indignent de voir

1. Voir Olivier Babeau, « Lycées Henri-IV et Louis-le-Grand, ce sont les principes de 1789 qu'on abandonne », *Le Figaro*, 24 janvier 2022. Il faut un certain culot pour écrire : « Non seulement la France n'aime plus ses élites, mais elle rêve de pouvoir s'en passer », alors que justement la réforme vise à diversifier les élites – et en aucun cas à les annihiler.

entrer des pauvres dans leur réserve peut se comprendre, ils défendent leurs privilèges. Que des gens de gauche en fassent autant est plus troublant, et en même temps plus significatif : il n'y a aucune différence, sinon dans le bla-bla, entre les deux. Ou peut-être la position du portefeuille dans leur complet bien coupé ?

« Les parents qui ne sont pas au fait des subtilités de la caste n'ont aucune chance de voir leurs enfants acceptés en seconde dans ces ghettos de bourgeoisie parisienne. »

Ainsi, la Fédération des conseils de parents d'élèves (FCPE) de Louis-le-Grand s'indigne : « Le traitement algorithmique ne permet pas de distinguer les bons, les très bons et les excellents élèves. » Et le Snes, syndicat d'enseignants, en remet une couche. « Il est important que les enseignants s'impliquent et regardent les dossiers scolaires, les notes mais aussi les appréciations, pour voir de qui on va pouvoir obtenir le meilleur. Cet élitisme scolaire fonctionne. Il n'y a qu'à voir le nombre d'élèves que nous plaçons aux concours généraux », met en avant Anne Paradas, enseignante en mathématiques et responsable du Snes-FSU à Louis-le-Grand.

Êtes-vous bien conscient de ce que vous dites, camarades ? Si l'algorithme d'Affelnet est complexe, la procédure mise en place depuis des décennies dans ces deux lycées hors norme est tout à fait obscure. Livret scolaire, cote d'amour de l'établissement d'origine, dossier parallèle, lettres de recommandation et, dans les cas urgents, coup de fil au ministre… Les parents qui ne connaissent rien des subtilités de la caste n'ont aucune chance de voir leurs enfants acceptés en seconde dans ces ghettos de la bourgeoisie parisienne et de quelques enfants de profs rompus aux arcanes du système.

Cris d'orfraie, pourtant, de nos vaillants défenseurs de l'« excellence républicaine ». Un prof de maths de CPGE d'Henri-IV s'est indigné dans *Marianne*[1] : à vouloir faire passer H-IV et LLG sous les fourches caudines de la réforme lancée en 2021 (et qui a engendré un taux de satisfaction de 85 %, en augmentation par rapport aux dernières années), on inciterait les parents à inscrire leur progéniture dans le privé hors de prix…

« Notre travail, dit-il, n'est pas de former à grands frais des pépites apatrides qui s'empresseront de quitter le pays qui les a formées. »

Quel privé ? Il en est du bon et de l'exécrable. Et les parents, à Paris, continuent de plébisciter le public, qui a d'excellents résultats. Agiter la « menace » du privé est un argument absolument nul – sauf à reconnaître que les cinq cents familles ont les moyens de le faire. Et les autres ? De surcroît, la mise en place d'Affelnet n'a entraîné aucune « fuite » vers le privé. Depuis un an, le ratio public-privé dans la capitale est resté le même. Cette « fuite » n'est pas une crainte, c'est un fantasme.

Le fond du problème est ailleurs : il est pédagogique et qualitatif avant d'être sociologique et quantitatif. Un bon prof ne se contente pas d'ânonner un cours écrit depuis des lustres – un didacticiel sur YouTube en ferait autant, et ChatGPT de même. Un bon prof amène chaque élève, quels que soient son niveau ou son origine, au plus haut

1. Jean-Yves Chevalier, « Affectation des lycéens *via* Affelnet : "Parents, si vous saviez…" », *Marianne*, 21 janvier 2022.

de ses capacités. En jouant, en rusant, en trouvant à chaque instant le moyen de susciter et ressusciter son public. En mouillant sa chemise.

Être un bon prof ne consiste pas à sélectionner en seconde cinq cents têtes blondes – il y a peu de têtes brunes dans ce système – pour les amener en prépa. Et, de là, dans l'une ou l'autre de ces grandes écoles dont H-IV et LLG sont les viviers préférentiels, jusqu'à ce que ces surdoués (ou supposés tels) aillent monnayer leurs talents, éclos en France, dans quelque pays étranger. Notre ambition n'est pas de former à grands frais des pépites apatrides qui s'empresseront de quitter le pays qui les a formées. Je suis partisan d'une obligation de travailler dix ans en France, quand on a intégré ces grandes écoles, avant d'aller se vendre à l'étranger. L'excellence républicaine doit être au service de la République avant d'être le terreau de Wall Street. Une vraie obligation, qui existe aujourd'hui en théorie pour les ENS et l'ENA, mais qui est allègrement détournée.

Qu'on se rassure. L'intégration des deux pôles d'excellence se fera de façon mesurée, on les autorisera à recruter encore sur tout Paris, ils auront le temps de se secouer. Mais ils devront mettre de la diversité sociale dans leurs rangs.

À moins de supposer… Camarade syndiqué, essaie de dire après moi : « Les riches sont plus intelligents que les pauvres » – et va te regarder dans un miroir. Les nantis sont simplement en connivence culturelle plus rapide avec les enseignants qui se sont mis au service et aux ordres de cette pseudo-aristocratie en autoreproduction.

Ce que le rectorat de Paris, sous la houlette de Christophe Kerrero, tente de faire, c'est justement de sauver le système. Ce que les aristos de 1788 ont refusé à Necker – on sait comment ça a fini… On en est là. On prétend pérenniser des procédures hors la loi, qui concernent si peu d'élèves que ce n'est plus de l'élitisme, c'est de la distillation, et on néglige les talents de ceux qui n'ont pas les codes pour accéder au nirvana éducatif. Pour ne rien dire des millions de gosses de la France périphérique qui regardent de très loin les soucis microscopiques d'une pseudo-intelligentsia imbue de ses privilèges et qui compte bien les passer à ses enfants.

Le modèle qui se met en place à Paris depuis deux ans devrait encourager les régions à inventer, en province, des pôles d'excellence. Il est insupportable de constater qu'Henri-IV et Louis-le-Grand siphonnent chaque année, en CPGE, la fine fleur de la jeunesse française – celle, au moins, qui peut s'offrir un hébergement parisien.

La province pose un problème supplémentaire : celui des transports. L'élève qui met une bonne heure pour rejoindre son établissement n'a pas les mêmes chances que celui qui réside à quatre stations de métro. Et là, c'est aux régions d'inventer des solutions – pourvu qu'on veuille bien leur transférer toutes les compétences.

Ce qui est vrai à un bout de la chaîne éducative doit être vrai à chaque étape. Si un tri est nécessaire, il ne doit décourager ni désespérer personne. Il faut en finir avec l'autocensure des bons élèves qui ne sont pas nés avec une cuiller d'argent dans la bouche. Que pensent de leur destin, d'ailleurs, les élèves non sélectionnés ? Que leur vie est finie à quinze ans parce qu'ils ne sont pas entrés à Henri-IV ? Que les lycées périphériques de Paris, Bergson, Paul-Valéry ou Rabelais, sans parler de ceux des périphéries plus lointaines, sont pleins de laissés-pour-compte, et que c'est bien fait pour eux ? Allons, chers collègues, si vous êtes vraiment bons, vous rendrez bons les élèves que l'on vous enverra. Et si vous n'y arrivez pas – je vous laisse conclure.

Octobre 2022. Retour et liquidation – pour solde de tout compte – des insinuations, mensonges et énormités que le placement d'Henri-IV et de Louis-le-Grand dans la loi commune d'Affelnet a fait naître sous la souris des CSP+ et autres profiteurs du Ve arrondissement.

Une étude chiffrée[1] parue sur laviedesidees.fr, revue conjointe au Collège de France, et signée par Julien Grenet (professeur associé à l'École d'économie de Paris) et Pauline Charousset, issue de la même discipline, liquide pour le compte la polémique que vingt personnes ultra-privilégiées ont alimentée depuis que le rectorat de Paris a décidé d'étendre aux lycées Henri-IV et Louis-le-Grand la procédure Affelnet d'affectation des élèves en seconde.

Résumons.

1) Le recrutement actuel de ces deux lycées n'est pas du tout fondé uniquement sur le mérite scolaire. Pressions amicales, lettres de recommandation, coups de fil au recteur / au ministre / au président de la République / à

---

1. Texte complet : www.ipp.eu/wp-content/uploads/2023/02/Note_IPP_88.pdf.

Dieu comptent pour une bonne part de cette sélection « au mérite » – essentiellement le mérite des parents.

Ajoutons que nombre d'enseignants, qui défendent bec et ongles le statu quo, profitent de la présente situation pour pousser leur progéniture dans ces deux lycées – étant entendu que les enfants de profs sont aussi brillants que leurs parents : rien d'étonnant s'ils s'insurgent contre la réforme, charité bien ordonnée... Peur de ne plus caser vos enfants dans les pouponnières d'élite, camarades ?

Et étonnons-nous : le Ve arrondissement, dont la mairesse s'est fendue d'une tribune courroucée, est surreprésenté dans ces deux lycées. Mais tout le monde sait bien que les enfants des riches sont eux aussi surdoués...

La vérité, c'est que Florence Berthout est motivée dans sa diatribe par les agents immobiliers de son arrondissement, qui ont depuis longtemps incorporé à leurs argumentaires la possibilité, si vous habitez place du Panthéon ou rue Mouffetard, de voir vos enfants inscrits à H-IV ou LLG. Le facteur économique est déterminant en dernière instance, n'est-ce pas, madame...

L'élitisme républicain, c'est cela : permettre un renouvellement des élites en allant puiser dans toutes les strates de la population les éléments brillants.

2) Une sélection automatisée ferait non seulement aussi bien que le recrutement « humain » d'H-IV et LLG, mais même mieux : les résultats, tant au collège qu'au lycée, de ces deux lycées sont ainsi légèrement inférieurs à ceux de certains autres lycées parisiens qui ont appliqué en 2021 la réforme sans états d'âme.

De toute façon, pour ce que valent les notes aujourd'hui… Quel naïf croit encore que le 20/20 rapporté par son enfant n'est pas surgonflé ?

3) Un quota de boursiers va-t-il niveler le niveau vers le bas ? Pas même. En analysant les résultats antérieurs d'élèves qui auraient été admis à H-IV et LLG si la procédure Affelnet avait été mise en place dès 2016, on s'aperçoit que les notes du bac sont identiques, à une infime fraction près. Si vous croyez que 15,9 est inférieur à 16,1, c'est que vous ignorez tout des consignes de notation au bac. Et si vous pensez vraiment que votre enfant « vaut » les notes qu'il a obtenues, vous êtes d'une naïveté confondante. Mais trois mois en classe préparatoire remettront vos précieux chérubins à leur vrai niveau : 6/20 en moyenne.

4) Va-t-il y avoir une fuite vers le privé ? Mais non ! Il n'y en a eu aucune en 2022 dans l'ensemble de l'académie, il n'y en aura pas plus dans l'avenir. Nombre de gens aisés, de politiciens en vue inscrivent leurs enfants dans le public pour pouvoir dire justement qu'ils n'ont pas eu recours au privé : l'oligarque aime bien poser au républicain. D'autant qu'Henri-IV et Louis-le-Grand, dans le système actuel, fonctionnent comme des boîtes privées. Et, si vous voulez avoir recours à « Stan » ou à l'École alsacienne, où notre distingué porte-parole du gouvernement, Gabriel Attal, fit des siennes tout au long de sa scolarité d'enfant gâté, rien ne vous en empêche. Il y a un entre-soi du public comme il y a un entre-soi du privé. Et, au fond, ce sont les mêmes.

Ce qui me contriste le plus, ce sont les affirmations selon lesquelles Affelnet ferait entrer le loup défavorisé dans la bergerie des bons élèves. Que des enseignants accréditent ce mensonge est sidérant.

Parce qu'enfin, chers collègues, vous avez tant envie que ça de ronronner comme vous le faites devant un public présélectionné ? Vous ne voulez pas montrer enfin que vous êtes vraiment de bons profs, en permettant à tous les élèves, sans distinction de classe, d'exprimer tout leur potentiel ? L'élitisme républicain, c'est cela : permettre un renouvellement des élites en allant puiser dans toutes les strates de la population les éléments brillants susceptibles de remplacer pour le mieux l'oligarchie en place. Ou alors vous êtes favorable au grand retour d'une aristocratie arrogante, en espérant en faire partie, comme le Bourgeois gentilhomme. Avec les mêmes illusions vaines.

Pourtant, sous l'Ancien Régime, bien des grandes dames renouvelaient le sang vicié de leur race en allant voir de quel bois se chauffait le garde-chasse du château… Bien des gentilshommes s'épanchaient avec des chambrières… Et bien des nourrices mettaient leur propre enfant en lieu et place du rejeton qu'on leur avait confié, lorsqu'il décédait, ce qui n'était pas rare…

C'est ce qui a permis à une caste minée par la consanguinité de durer. Tirez-en la morale que vous voulez.

J'ai enseigné durant quarante-cinq ans, plus souvent dans des établissements très défavorisés que dans des lycées d'élite. Mon job et mon orgueil, ce fut de permettre à des gosses sortis de rien, et pas de la cuisse de Jupiter, de faire des études parfois brillantes. Et de ne jamais mépriser ceux qui ne pouvaient pas devenir grands avocats ou brillants financiers – voire professeurs de haut niveau –, parce que chaque élève, dans une vraie république, est aussi digne d'attention qu'un « fils » ou « fille de ».

Si vous n'êtes pas capables de ça, chers collègues, changez de métier. Mais ne vous réfugiez pas derrière un recrutement correspondant exactement à vos critères, signe d'une paresse intellectuelle sidérante.

6

Du bon dosage de la mixité

Quelle dose de canailles et de cancres allons-nous injecter dans le monde radieux des bons élèves ?

Les taux recommandés tournent entre 20 et 25 % aujourd'hui. C'est d'ailleurs ce qui est imposé en CPGE – 25 % de boursiers doivent être recrutés en première année, en Maths sup comme en hypokhâgne. Ce qui se fait en remontant dans les classements ces élèves économiquement faibles, et en faisant descendre symétriquement d'autres élèves qui n'ont pas la chance d'être orphelins, comme disait Jules Renard. La justice sociale passe parfois par l'injustice.

Avant que le lecteur ne se scandalise, faisons-lui remarquer que les postulants ainsi sélectionnés ne sont pas dépourvus de mérite. De surcroît, un recrutement à l'aveugle, sur la seule foi du livret scolaire et d'une lettre de motivation qui a très bien pu être écrite par quelqu'un d'autre, n'est pas infaillible. Quand, au bout d'un an, on consulte les listings du mois de mai précédent, à partir desquels ont été constituées les classes, on constate que tel élève parti avec une moyenne mirobolante n'a pas tenu le choc, et que tel autre, qui avait été admis de justesse, a particulièrement brillé. Le premier avait caracolé en tête en terminale au prix d'un effort maximal, l'autre en revanche en avait toujours sous la pédale.

C'est donc sur la foi des résultats, et pas seulement en fonction d'un IPS faible, que l'on recrute, à quelque niveau que ce soit. Bien sûr, l'algorithme donne un coup de pouce. Mais est-ce réellement injuste ? La bonne note d'un élève né nulle part et sorti de rien vaut largement la très bonne note d'un nanti biberonné aux cours particuliers et gavé de caviar.

Que doit-on prendre en compte ?

D'abord, l'assiduité. C'est la moindre des choses. L'administration signale le nombre de demi-journées où l'élève a été absent, et précise lorsque ces absences n'ont pas été justifiées. Ensuite, l'attitude en classe – et, croyez-moi, on regarde très attentivement les commentaires des enseignants. Les perturbateurs, les grandes gueules sans talent particulier, les élèves rivés à leur smartphone n'ont rien à attendre, ils se sont coulés tout seuls.

L'élève idéal, qu'il soit issu d'un milieu huppé ou arrive d'une banlieue farouche, est travailleur, ambitieux, en progrès constant, attentif et original à la fois. On se demande toujours ce qu'il aurait donné s'il y avait un quatrième trimestre : se serait-il écroulé, aurait-il brillé davantage ? Parce que, ce quatrième trimestre, c'est ce qu'il va vivre une année durant.

Et l'on descend assez loin dans les résultats scolaires. Nous avons à notre disposition, nous, enseignants de CPGE, les livrets de terminale mais aussi de première.

Et nous les consultons. L'accès aux meilleures classes des meilleurs établissements est une course de fond.

Il en est de même pour ceux qui, à la fin du collège, veulent intégrer un « bon » lycée. Ça se prépare dès la sixième.

Et encore, nous n'en sommes pas aux contraintes lunaires de certains pays asiatiques, où les enfants à six ans retournent à l'école, le soir, pour bénéficier de cours en plus, dont la préparation leur permettra plus tard, bien plus tard, d'intégrer une université prestigieuse. Étonnez-vous que certains (les *hikikomori*) se recroquevillent dans leur chambre et refusent de quitter le cocon protecteur. Ou que d'autres se suicident.

Le système français vise l'excellence (du moins, il le devrait), il ne vise pas la névrose. Il faut être attentif au travail de son enfant, il ne faut pas lui mettre sur le dos une pression insupportable. C'est aux parents, les premiers, d'évaluer exactement les capacités de leur enfant.

La mixité sociale n'a de sens que si on la panache avec une ambition intellectuelle. Il ne suffit pas d'habiter une banlieue féroce pour être automatiquement sélectionné. Il faut s'être pris en main aussi tôt que possible. Ne rien avoir négligé. Avoir compensé, par des lectures personnelles, ce que l'école de secteur ne vous donne pas. Il faut renoncer à passer quatre heures et onze minutes par jour devant un écran – moyenne française, chiffre affolant quand on y pense. Et concevoir qu'un livre est un didacticiel autrement précis et réjouissant que ceux dont YouTube nous inonde, et qu'un grand écrivain peut être un « influenceur » magistral.

La plupart des lycées ne ferment qu'à 20 heures, et laissent à la disposition des élèves les ressources des CDI. Acceptez que votre enfant y passe des heures après les cours : il y trouvera des ressources bien plus intéressantes que celles qu'il glanerait en dialogues disruptifs et parfaitement creux sur TikTok ou Discord.

Une évidence, toutefois : il faut redonner tout son sens à la valeur travail. Une immense paresse s'est emparée de ce pays, depuis une trentaine d'années – et je crois pouvoir fonder l'origine de cette paresse dans la façon dont, depuis trente ans, l'École a sans cesse abaissé la barre. On est passé de la dictée-sanction (cinq fautes = zéro) à la dictée préparée. Et même pire, à la dictée où l'on ne compte que les mots qu'il fallait particulièrement revoir. On est passé de la dissertation, exercice fort difficile, au texte de libre expression, où l'élève étale ses états d'âme – et ce n'est pas joli-joli, une âme d'adolescent, c'est plein de boutons. On est passé de problèmes de maths difficiles et exigeants à des exercices où l'on n'est même pas sommé de fournir un raisonnement, ni un résultat exact[1]. Quant à ce qu'est devenu l'enseignement de l'histoire, il suffit de demander, un jour où l'on a envie de rire, à un adolescent quelconque de situer un événement dans le temps. Même « 1515 » a perdu de son

1. À qui douterait de ces assertions, je recommande la chaîne YouTube d'Axel Arno, un jeune homme issu de Maths spé qui parle éloquemment des maths, de ce qu'était leur enseignement en lycée et ce qu'il est devenu. Voir en particulier la vidéo « Le baccalauréat est mort » (15 mai 2023) : www.youtube.com/watch?v=3jfFqbXU5pU.

aura. Et Marignan, c'est un aéroport près de Marseille, c'est ça ?

Il faut revaloriser le travail. Pour cela, il faut en donner, encore et encore, faire transpirer les élèves – ils sont là pour ça, et, s'ils protestent par principe lorsque vous les accablez, ils vous méprisent lorsque vous ne leur donnez rien à faire –, leur imposer des devoirs le samedi matin, ne jamais relâcher la pression, rattraper les cours perdus, inventer des exercices que leur ordinateur ne leur fournira pas tout cuits. Il n'est quand même pas compliqué, avant de donner un sujet, de vérifier si un corrigé existe sur le Net.

Je conseille aux parents d'en rajouter encore sur le travail scolaire. Rappelez-vous la façon dont Ponocratès organise la journée de Gargantua, où le jeune géant ne perd pas une seconde. Comme quoi Frank Bunker Gilbreth (peut-être vous rappelez-vous *Treize à la douzaine*, où cet inventeur du taylorisme le plus impitoyable, digne de Chaplin dans *Les Temps modernes*, organise la journée de ses enfants) n'avait rien inventé : « En tel train d'estude le mist qu'il ne perdoit heure quelconques du jour, ains tout son temps consommoit en lettres et honeste sçavoir », écrit Rabelais.

Quant à ChatGPT, ce n'est pas une menace, c'est une plaisanterie. Les machines sont programmées pour fournir des réponses moyennes. L'originalité n'est pas dans leurs gènes. Elles ne traitent un vrai sujet de dissertation qu'avec un luxe de précautions immédiatement détectables. En juin 2023, en correction de l'épreuve de philo du Bac, le duel organisé entre ChatGPT et un philosophe de salon, Raphaël Enthoven, a tourné à la déroute du premier, dont la copie pleine de prêchi-prêcha valait tout juste la moyenne.

Sans compter que les corrigés qui tombent du ciel informatique sont d'une orthographe irréprochable, ce qui, par les temps qui courent, dénonce immédiatement le faussaire.

7

De la gestion d'une classe à IPS faible et préjugés persistants

Cher collègue d'un beau lycée napoléonien – voire louis-quatorzien,

Vous voici donc devant une classe de seconde où, par malice, les sbires du rectorat ont infiltré 20 % ou 25 % d'élèves périphériques, boursiers souvent, appartenant en outre à la diversité, l'euphémisme convenu pour parler des enfants d'immigrés de première ou deuxième génération. Plus bronzés en tout cas que les élèves propres sur eux qui résident dans le quartier même où s'élève votre lycée.

Bref, une classe hétérogène comme en connaissent 90 % des enseignants, surtout depuis que le collège unique a injecté dans les mêmes classes des gosses de niveaux très différents. Il n'y a que deux types de classes homogènes en France : celles des établissements dits d'élite, où vous enseignez ; et celles de certaines périphéries (et, à Marseille, ceux du centre-ville, mais on ne fait rien comme les autres dans la cité phocéenne), où la carte scolaire scrupuleusement respectée a regroupé tous les bronzés économiquement faibles.

Comment faire face à une classe aussi disparate ? Vous avez fait de votre mieux pour éviter ce cauchemar, vous avez plaidé, harcelé le rectorat, vous vous êtes répandu en diatribes sanglantes dans la presse, rien n'y a fait, quelques malins génies ont contrecarré votre quiétude ordinaire.

D'abord, dites-vous bien que ces gosses arrivés de nulle part sont mille fois plus inquiets que vous.

Déjà, l'architecture du lycée les sidère. Ils arrivent de collèges de type Pailleron, qui par chance n'ont pas brûlé, contrairement à celui de la rue susdite. Des constructions modernes dont je m'abstiendrai de dire du mal ; elles portent sur elles les caractéristiques de leurs insuffisances et de leur inesthétisme. Entrés dans un lycée construit au XVIIe ou au XVIIIe siècle (voire avant, comme certaines parties d'Henri-IV, qui remontent au Moyen Âge), ils sont impressionnés par la hauteur des plafonds, l'aspect vénérable des pierres, d'où suinte une histoire pluricentenaire. Impressionnés, aussi, par leurs condisciples. Peut-être vous rappelez-vous *La Machine à explorer le temps*, de Herbert George Wells : ils sont les Morlocks soudainement confrontés aux Éloïs. Ni les vêtements, ni l'allure, ni le discours ne sont semblables à ce qu'ils ont connu. Ils sont d'un seul coup transférés dans une *terra incognita*.

Tout cela peut souvent générer un sentiment d'imposture dont vous devez tenir compte pour les déculpabiliser au plus vite : ils sont là parce qu'ils l'ont mérité – quoi que vous en pensiez vous-même.

Comment leur parler ? Ils vous fixent avec inquiétude et espoir. Ils se taisent. Ils se sont peut-être inconsciemment regroupés entre eux, quoiqu'ils ne se connaissent pas, arrivant d'établissements divers – alors que les Éloïs se connaissent tous, parce qu'ils sont naturellement montés de la classe de troisième de la cité scolaire que constitue l'établissement : un certain nombre de lycées privilégiés accueillent ainsi des élèves de la sixième aux classes prépas, et il se trouve qu'ils ont en général de meilleurs résultats – un hasard, certainement. Tous les lycées autrefois étaient organisés sur ce principe. Mais la multiplication des collèges, pour caser les enfants du baby-boom et confiner les déshérités chez eux, a amené une séparation bien nette. Le passage de la troisième à la seconde est un saut dans l'inconnu géographique pour la plupart des élèves aujourd'hui.

Eh bien, il faut leur parler comme aux autres. Avec les mots ordinaires qu'implique votre enseignement. Ce ne sont pas des sauvages, ils ne sont pas les fils et filles de Tarzan. Et ce ne sont plus des enfants. Une syntaxe rigoureuse, des mots aussi complexes que nécessaire, une bonne diction. Et un usage intense du tableau noir. Un bon prof est toujours debout.

Quant au fond – et c'est bien là l'essentiel –, ils comprendront très vite que tout a changé, qu'on ne leur demandera pas sans cesse ce qu'ils pensent de ceci ou cela, qu'on ne les encouragera pas à proférer d'énormes âneries venues tout droit des poncifs de la famille, du quartier ou de la « communauté ». Le constructivisme, c'est fini. Désormais, ils se taisent et prennent des notes.

Tout méritants qu'ils soient (et c'est d'ailleurs la raison pour laquelle ils sont là), il faudra d'ailleurs les aider, au tout début, à s'organiser pour prendre des notes, parce qu'on ne le leur a jamais appris : l'excellence de la périphérie n'est malheureusement pas celle du centre. Comme on ne leur a pas forcément appris l'orthographe, ni à construire des paragraphes, ni à mettre des majuscules en début de phrase. Ce sont de menus détails dont il faudra tenir compte, parce qu'ils pourraient empoisonner leur vie – et la vôtre.

Quant au contenu…

Ce sont justement les stéréotypes avec lesquels ils arrivent qu'il faut lentement combattre. La littérature, par exemple, n'est pas pétrie de bonnes intentions – et même, à en croire Gide, c'est avec de beaux sentiments que l'on fait de la mauvaise littérature. Finies, les réflexions oiseuses sur le Zola de « J'accuse », l'antimilitarisme supposé de Rimbaud, la bien-pensance d'Éluard ou Aragon et le féminisme d'Olympe de Gouges.

Ce qui distingue le plus sûrement les prolétaires des bourgeois, c'est qu'on a inculqué aux premiers une morale stricte, voire rigide, dont les seconds se sont dispensés, le pouvoir leur tenant lieu de morale, comme à leurs parents. Les enfants de bourgeois n'ont pas de problème de légitimité, ils sont là de plein droit. Quand par hasard ils ont des bribes de religion (et c'est rarissime, si c'était le cas on les aurait regroupés dans les ghettos bien-pensants gérés par l'enseignement privé confessionnel), ce n'est pas au point d'en être gênés. Tout chrétiens qu'ils soient, ils ne suivent pas les recommandations du Carême, ni l'interdiction de la viande le vendredi, ni celle des étreintes avant mariage, ni quoi que ce soit.

Pour avoir eu longtemps des classes à 80 % musulmanes – appelons les choses par leur nom –, je sais ce qu'il en est des poncifs sur lesquels sont bâtis leurs préjugés.

Je travaillais exprès sur des œuvres destinées à stimuler leurs ambitions tout en diminuant leurs préjugés : *Bel-Ami*, *Le Tartuffe*, *Le Père Goriot* ou *Topaze*, dans des genres différents. Puissance de l'argent, toute-puissance de l'ambition, relativité extrême de la morale, omniprésence d'Éros. Et suprématie du style sur la morale. De quoi choquer (parfois profondément) des adolescents imbus de préjugés familiaux, dont ils parvenaient, pour la plupart, à se secouer avant la fin de l'année. Au point qu'ils aspiraient à réussir les concours qui les éloigneraient au maximum de leur famille.

Ajoutons que je pulvérisais avec une certaine férocité les réflexions nées d'a priori religieux ou familiaux. Un bon enseignant est comme le Christ (Évangile de Matthieu, 10:34) : il n'est pas là pour apporter la paix, mais l'épée. Il est là pour mettre la division entre le fils et son père, entre la fille et sa mère, et faire de l'élève l'ennemi des gens de sa maison. Si.

Les enseignants qui prétendent « respecter » les convictions ne sont pas de bons enseignants, surtout si lesdites convictions sont viciées, ou nulles. L'idolâtrie du PSG (ou de l'OM) et de Mahomet, très peu pour moi. Le respect tel que l'entendent trop de pédagogues n'est justement pas du respect. Le vrai respect amène l'élève vers le doute d'abord, et le savoir ensuite. La seule conviction tolérable, c'est que deux et deux font quatre, Sganarelle, et que quatre et quatre font huit.

Ça tombe bien, vos élèves à IPS faible sont souvent bons en maths, parce que les mathématiques sont un langage totalement artificiel, totalement sûr. Pas une structure labyrinthique comme le langage naturel, plein de sous-entendus et de pièges.

Pas de quoi s'inquiéter, au fond. Les hormones et l'environnement aidant, ils comprendront vite de quel côté est la vie la plus facile. Le principe de plaisir – et je suis sûr que vous savez faire plaisir à vos élèves autrement qu'en leur mettant de bonnes notes artificielles et usurpées – doit suffire à vaincre les réticences avec lesquelles ils sont arrivés. Vous n'êtes pas là seulement pour leur apprendre les maths, le français, l'histoire ou les sciences, mais pour leur enseigner une civilisation – la nôtre.

8

L'immobilier, clé de la réussite scolaire

Parmi les adversaires de la réforme Affelnet, qui allait contraindre les grands lycées de la capitale à revoir leur taux de boursiers à l'entrée en seconde, les plus virulents furent sans doute les agents immobiliers.

Yann Foray, dans un article du *Progrès*[1], note avec un humour ravageur que les vendeurs ou loueurs d'appartements proclament qu'« en matière d'immobilier, il y a trois règles d'or : l'emplacement, l'emplacement et l'emplacement ».

Il ne s'agit pas seulement de la proximité des centres commerciaux ou des quartiers d'affaires. Il s'agit désormais, de façon prépondérante, de la carte scolaire.

À Lyon, explique-t-il, où la densité de la population est de 11 000 habitants au kilomètre carré, la sectorisation des établissements scolaires est très morcelée. Dans un même quartier, l'établissement de secteur peut changer d'une rue à l'autre. « Dès lors, cela a tendance

1. Yann Foray, « À Lyon, ce lycée dope les prix de l'immobilier dans son arrondissement », *Le Progrès*, 5 mars 2023.

à beaucoup influencer les acheteurs, qui voient parfois à très long terme. » Alors que leurs bambins sont encore hauts comme trois pommes, certains acquéreurs cherchent déjà à acheter près des établissements scolaires les plus réputés, notamment au niveau des lycées. Le lycée du Parc, dans le VIe arrondissement de la capitale des Gaules, est à la fois un « bon » lycée – nous avons vu ce qu'il faut penser de cette étiquette – et un booster de ventes immobilières. Comme disait le camarade Marx, le facteur économique est déterminant en dernière instance. Près du lycée du Parc, le prix de l'immobilier avoisine les 6 500 euros le mètre carré en moyenne pour un appartement ancien.

Près du lycée Henri-IV, à Paris, le foncier se négocie à 13 000 euros le mètre carré. Parmi les grandes villes, il n'y a guère que Marseille qui se distingue. Le plus célèbre (et le plus ancien) lycée de la ville, Thiers, est situé dans un environnement accablant – les immeubles qui se sont écroulés en 2018 étaient construits à cent mètres du lycée, et le Ier arrondissement, où il se situe, est l'un des plus pauvres de la ville.

Mais, curieusement, cela ne l'empêche pas d'être classé parmi les meilleurs lycées de France[1]. Alors même qu'il recrute, au gré de la carte scolaire, dans les quasi-taudis de son environnement proche, où vivent quelque peu entassés les uns sur les autres les immigrés et descendants d'immigrés qui travaillent au marché de Noailles – ou vivotent de trafics divers. Ça alors ! Un lycée où le taux

1. Frédéric Gouaillard, « Palmarès des lycées 2023 : comment Marseille a raflé la première place », *Le Parisien*, 29 mars 2023.

de boursiers, dans certaines classes, frise les 80 % parvient à des résultats brillantissimes ! Mais comment…

Tolérance zéro. Des équipes pédagogiques dévouées à leur tâche – avec une mobilisation d'élèves de prépas pour encadrer les devoirs du soir des enfants. Aucune concession aux modes pédagogiques qui ont la faveur des instances nationales. Des savoirs savamment distillés, des devoirs sur table, des exercices nombreux. Une attention particulière aux modes vestimentaires – étant entendu que certaines gamines sont incitées par des gens qui ont un agenda plus politique que pédagogique à porter leur futur malheur sur leur tête. Le proviseur, Éric Gallo, a pourtant dû se battre contre des enseignants idéologisés par leurs syndicats pour maintenir une ligne dure face aux voiles et aux abayas.

Car c'est un combat permanent. Partout, tout le temps, des fanatiques relayés par une certaine extrême gauche – ce que l'on appelle des islamo-gauchistes – cherchent à prolonger le malheur d'être né pauvre, et à accroître le malheur, dans ces quartiers et cette religion, d'être née fille.

9
Le mythe du bon élève

Scandale dans le Landerneau parisien : la procédure Affelnet a donc changé les règles d'admission en seconde dans les lycées de la capitale, en contraignant les familles qui n'avaient d'yeux que pour une dizaine de « grands lycées », où une poignée seulement d'élèves entrait, à s'intéresser aux trente autres lycées disposant, tout autant que les premiers, d'options rares et de professeurs compétents. En octroyant par ailleurs, à côté des notes, un bonus fondé sur l'IPS du collège fréquenté en troisième, elle a envoyé un message fort en direction des familles favorisées, qui avaient tendance à délaisser dès la sixième l'établissement de secteur. Dernière pierre à l'édifice d'une réforme qui a par ailleurs largement augmenté la satisfaction de toutes les familles parisiennes : en 2022, comme nous venons de le voir, un quota de boursiers et de collégiens issus de collèges défavorisés a été fixé à l'entrée des lycées Louis-le-Grand et Henri-IV, où l'ouverture sociale, malgré un *storytelling* bien rodé et largement fictif, peinait à prendre corps.

Les décideurs parisiens furent voués aux gémonies, accusés de conduire la France, par la baisse du niveau qui ne manquerait pas d'en découler, dans les tréfonds du classement Pisa et de celui des prix Nobel…

Désormais, la procédure d'affectation en seconde, à Henri-IV comme à Balzac, ne tient pas seulement compte du sacro-saint dossier scolaire. L'apocalypse guette…

J'aimerais revenir sur cette sélection sur dossier, qui a cours de l'entrée en seconde dans certains établissements jusqu'au recrutement post-bac, la procédure Parcoursup s'appuyant elle aussi, en théorie, sur la lecture du livret scolaire et d'une lettre de motivation *ad hoc*.

Pour avoir, durant des années, sélectionné des élèves (au mois de mai, bien avant le bac, dont les résultats ne sont plus pris en compte, puisque la réussite à cet examen complètement dévalué va de soi) postulant en CPGE, je peux révéler deux ou trois vérités qui ne feront pas plaisir à tout le monde :

1) Le livret scolaire est regardé d'assez loin, dans la mesure où nous savons qu'il est truqué : on a assisté depuis dix ou quinze ans à une inflation des bonnes notes qui renvoie aux oubliettes les élèves qui n'ont « que » 15 de moyenne. Truqué, car les premières notes « réelles », en vérité des prix, de ces « bons » élèves arrivent difficilement au tiers des notes qu'ils avaient en terminale. C'est dire ce que valaient les 18/20 généreusement distribués par les enseignants. Soit on a baissé le seuil d'exigence, ce qui permet à tout le monde de décrocher la lune ; soit on achète la paix scolaire ; soit même on est dans un lycée lambda, et par militantisme les enseignants décident de

rivaliser avec les lycées supposés d'élite, en feintant avec l'algorithme de Parcoursup, chargé de tous les péchés du monde universitaire.

2) Le critère décisif est l'établissement d'origine, plus exactement de la personnalité de celui qui y enseigne les maths ou les lettres. Quand on travaille sur un terroir précis, on finit par connaître les vraies capacités des uns et des autres.

3) Ce qui compte vraiment, c'est moins *l'état* de bon élève que sa capacité à le devenir. On ne naît pas bon élève, on le devient.

D'autant qu'il faudrait s'entendre sur ce qu'est un bon élève…

Le « bon » élève, tel que le conçoivent dans leur majorité mes collègues, n'est pas un vrai cador des disciplines scolaires : c'est une créature faite d'obéissance, de réflexes scolaires acquis très tôt, et d'un sens poussé de l'imitation et de la reproduction. Ce que nous appelons « bon élève » est un clone de nous-mêmes, enseignants, une resucée de ce que nous fûmes, et un reflet de ce qu'attendent les oligarques au pouvoir : les enseignants ont la plupart du temps été de « bons » élèves, dont le réflexe d'obéissance se perpétue tout au long de leur vie.

Un « bon » élève se reconnaît donc à sa capacité à se taire en dehors des moments où on lui adresse la parole (c'est la libre adaptation pédagogique du principe bourgeois « à table, les enfants ne parlent pas », et du principe militaire « silence dans les rangs ! »), à prendre des notes avec une frénésie ostentatoire et à poser sur le maître un regard émerveillé. On lui a appris à faire ses devoirs dans les temps, à les rendre sur une copie bien propre, à construire des paragraphes et des alinéas. Le bon élève joue au prof, et on le récompense pour cette capacité mimétique. J'ai expliqué dans *La Fabrique du crétin* que l'extrême féminisation du corps enseignant favorise de fait les filles au détriment des garçons, qui peinent à s'identifier à des enseignantes. Et, de fait, les filles sont meilleures élèves que les garçons.

Si de surcroît notre bon élève a une étincelle factice d'originalité, on le sacrera élève d'élite. Et, même s'il échoue à Normale Sup, il se rattrapera à Sciences Po et à l'ENA. C'est le parcours d'Emmanuel Macron, bon élève remarqué pour sa conformité aux codes, sa superficialité brillante et son envie de plaire. Sa capacité de surface à la flagornerie, son désir de séduire sont le masque de sa profonde docilité à ses maîtres – avant-hier, les professeurs d'Henri-IV, qui n'aiment rien tant que les « bons » élèves qui ne leur causent ni problèmes ni suées excessives ; hier le groupe Bilderberg, qui en a fait l'un de ses poulains après l'avoir auditionné en 2014 (tout comme Édouard Philippe, reçu en 2016 dans cet aréopage de vrais décideurs) ; aujourd'hui les maîtres du monde, qui l'ont installé là pour servir leurs appétits. Et, accessoirement, détruire toutes les lois sociales issues des ordonnances de 1945.

De là à le désigner comme « Mozart de la finance », il y a un gouffre que les thuriféraires de l'actuel président de la République des bons élèves n'hésitent pas à franchir. Pauvre Mozart !

La sélection des « élites » qu'opèrent les grands lycées napoléoniens trouve son pendant, dans l'enseignement privé, dans quelques établissements réservés aux enfants de la bourgeoisie, qui produisent à la chaîne les successeurs de leurs aînés. Pensez qu'une lumineuse intelligence comme Gabriel Attal sort de l'Alsacienne, où il chahutait férocement au point de mettre ses enseignants en dépression, et s'est retrouvé membre du cabinet de la ministre de la Santé Marisol Touraine, à vingt-trois ans, député à vingt-huit, secrétaire d'État à l'Éducation dans la foulée – ça a dû bien le faire rire – et ministre délégué chargé des Comptes publics en 2022 – là aussi, il a dû s'esclaffer. Mais il ne s'est pas étonné : ce Mozart de la dissipation était promis à ce destin miraculeux.

Le bon élève est donc recruté dans des formations exigeantes, il réussit « naturellement » le concours d'entrée à telle ou telle grande école, et fait profiter la nation, ultérieurement, de son excellence…

Sauf que les jurys de l'ENA sont depuis des années consternés du niveau des candidats qui se présentent devant eux[1]. Conformisme, incapacité à sortir de schémas préconçus, répétition de mantras appris par cœur sans une once de réflexion – et encore moins de contestation. Mais ils s'expriment dans une syntaxe maîtrisée, regardent leurs interlocuteurs au fond des yeux, jouent parfaitement des codes de la société à laquelle ils appartiennent et dans laquelle ils sont destinés à se faire une place.

C'est ainsi qu'un pays coule. En confiant sa destinée à ce type de bons élèves.

---

1. Voir Hadrien Mathoux, « Le jury de l'Ena décrit des candidats moutonniers, incapables de penser par eux-mêmes », *Marianne*, 2 mars 2018.

On pourrait poser la question de l'utilité nationale de ces jeunes gens qui nous ont coûté si cher à chouchouter. Combien de polytechniciens quittent la France qui les a formés pour s'encanailler avec les traders de la City ou de Wall Street ? Combien de normaliens entrent dans des cabinets ministériels, où ils croiseront des énarques si dépourvus d'audace et d'imagination qu'on en fera peut-être des présidents de la République ? Si le système scolaire était réellement élitiste, assisterions-nous au spectacle pitoyable qu'offrent ces éminences toutes passées par le même moule ? Nous ne sommes pas du tout dans l'élitisme, surtout pas dans l'élitisme républicain, mais dans la perpétuation des privilèges d'une caste arrogante et globalement dépourvue de talent.

Comme le souligne l'historien Pierre Vermeren, la réindustrialisation de la France « va être rude, en contexte de libre-échangisme idéologique, face aux résistances des marchands, des importateurs et des financiers, le tout avec une pénurie d'ingénieurs : la seule rénucléarisation d'EDF va assécher le marché des ingénieurs pour des années. Les dizaines de milliers d'étudiants brillants orientés de manière pavlovienne vers les métiers de la finance, de la communication et du droit feront cruellement défaut[1] ». Enfants du peuple capables de faire des maths, vous voici prévenus !

C'est que le « bon » élève n'atteint pas cette *distinction*, comme disait Bourdieu, par son génie intrinsèque, mais par sa maîtrise précoce des codes.

---

1. Pierre Vermeren, « Le peuple français est devenu le bouc émissaire expiatoire de ces élites », *Marianne*, 6 avril 2023.

Codes familiaux, codes pédagogiques. Code linguistique, aussi : le bon élève s'exprime bien, il a appris ça tout petit en écoutant, à l'arrière de la voiture, les discussions de ses parents ou le flux de France Culture. Il est souvent bilingue, car on l'a envoyé en séjour linguistique dès cinq ans. Il a de jolies références historiques et géographiques, car on l'a baladé dans la France entière au gré de vacances « culturelles » destinées à enrichir le capital du petit ou de la petite. Et on lui a offert des livres à Noël... Il arrive en maternelle avec un capital dormant inestimable, qui s'accroîtra dans les années à venir.

En même temps, le système scolaire de collège unique (appliqué aussi dans le privé sous contrat, qui n'est pas meilleur que le public, malgré une légende tenace) nivelle nécessairement les niveaux. Ce qui différencie en somme les déshérités de leurs camarades nantis, c'est le capital social.

Les programmes qui depuis trente ans ont privilégié le savoir-vivre ou le savoir-être au détriment des savoirs tout court ont cristallisé cette différence : si l'on n'offre pas davantage aux enfants acculturés, on les relègue d'emblée en seconde division. L'établissement, sous le ministériat de François Fillon, d'une grille d'évaluation des « compétences », qui ont désormais pris le pas sur les savoirs, n'est rien d'autre qu'une façon d'entériner cette maîtrise des codes.

Pendant que les enfants de bourgeois se pavanent dans des lieux d'études et de villégiature pensés pour accroître les réflexes de classe, le cancre zone au pied des HLM entre lesquels on a construit le collège « Prévention violence » ou « Ambition réussite ». Il y est scolarisé grâce à une carte scolaire qui, très habilement, sous couvert de proximité, favorise les mieux nantis, entrés pendant ce temps au collège de leur quartier où le mètre carré dépasse les 13 000 euros : on pourrait opérer une classification des collèges sur la base du prix de l'immobilier dans le quartier où ils sont implantés.

Si notre cancre a une appétence pour la lecture, il sera bien en peine de trouver de quoi se satisfaire : ses parents ignorent les livres et croient que la télé est Dieu et qu'Hanouna est son prophète. Il faut entrer dans les appartements des prolos pour constater la situation royale de l'écran et l'absence presque totale de livres. Et, s'il s'en déniche un, il se planquera pour le lire, car il appartient à un milieu où « intello » est l'injure suprême. Pour avoir, des années durant, prêté ou offert des livres à des élèves qui n'en avaient pas chez eux et n'osaient pas hanter les bibliothèques, de peur d'être catalogués comme « intellos », je sais ce qu'il en est. Et j'ai connu une gamine de collège, timide et volontaire, qui s'isolait à chaque récré dans les toilettes de son collège de zone d'exclusion programmée pour dévorer *Harry Potter*.

Je voudrais oser ici l'éloge du cancre. Prévert l'a fait avant moi, avec un grand talent :

Il dit non avec la tête
Mais il dit oui avec le cœur
Il dit oui à ce qu'il aime
Il dit non au professeur...

Toute la mimétique recommandée à l'école pour être « bon » élève est là. Il est d'ailleurs remarquable que les filles aujourd'hui soient – et de loin – meilleures élèves que les garçons. D'abord, leur plus grande précocité les amène à conceptualiser les attentes, et elles savent, mieux que les garçons, petits rois embarrassés d'enfance perpétuée et d'hormones virevoltantes, mimer la docilité requise, quoiqu'elles n'en pensent pas moins souvent. L'extrême féminisation des professeurs des écoles, et de la plupart des enseignants du secondaire, leur permet de surcroît une identification immédiate, que leurs homologues masculins n'osent pas. On leur a donné des responsabilités précocement, elles ont l'habitude de singer les adultes, et elles ont intégré l'idée que Sophie – la Sophie de la comtesse de Ségur – est justement punie parce qu'elle est une chipie.

« Dire non au professeur » est la provocation suprême. Combien d'élèves n'ont d'autre recours que l'abstention scolaire, la cancritude élevée au niveau des beaux-arts, pour exprimer une opposition qui ne peut se dire ? D'où la dissipation, le regard obstinément fixé sur la cour où des chanceux jouent au ballon, les papotages avec les voisins, l'agitation du corps qui semble régulièrement pris de frénésie, une vêture déchiquetée ou une coupe de cheveux iconoclaste et une présence en pointillés – ou tout cela à la fois...

Bien sûr, ce n'est pas un comportement facile à accepter pour l'enseignant. Mais il ne présume en rien des qualités intellectuelles de l'élève. Rétrospectivement, je me demande comment l'enseignant que je suis devenu aurait géré l'élève que je fus – issu d'un quartier marseillais de HLM vite bâtis, dans les quartiers nord de la ville, voyou à temps plein, bagarreur impénitent, livré à lui-même par des parents trop occupés à gagner de quoi faire bouillir la marmite, mais, par hasard, porté précocement aux livres et à l'écriture. J'ai une dette irrécouvrable envers les maîtres qui ont su détecter en moi quelques qualités. Je n'étais pas un bon élève, j'étais bien au-delà et en deçà. Le vrai élitisme républicain consiste à détecter dans l'ensemble des élèves ceux qui sont justement au-delà, y compris lorsqu'ils semblent en deçà.

Les collègues qui déplorent, dans les divers dispositifs destinés à faire entrer des élèves atypiques dans le saint des saints pédagogique, le mélange des genres et la mauvaise graine susceptible de contaminer leurs chers « bons » élèves me rappellent ces procédures d'Ancien Régime qui réservaient, dans l'armée, les fonctions d'officier aux enfants issus de l'aristocratie. Il a suffi d'un Bonaparte (de noblesse douteuse), nommé dans l'artillerie, corps peu prestigieux, pour que le système se renverse cul par-dessus tête. Se promener sur les boulevards des Maréchaux, à Paris, c'est égrener la liste des enfants de rien et de personne, parvenus au faîte des honneurs par leurs qualités propres et leur audace. Murat, Ney, Lannes, Soult ou Masséna ont taillé en pièces les aristocrates passés à l'ennemi. Des cancres doués ! Des gens de rien qui osaient tout !

Nous avons rétabli, avec les « lycées d'élite », les prépas, les grandes écoles, la « voie royale » (l'adjectif est sans ambiguïté) en pleine République. Mais, justement, sommes-nous bien encore en République ? Ou avons-nous reproduit le *cursus honorum* des Romains ?

À noter que Napoléon n'avait pas de préjugés. Quand il tombait sur un enfant de la noblesse pourvu des qualités idoines, il en faisait aussi un maréchal, Davout par exemple, ou Brune. Mais, statistiquement, on comprend bien que le peuple, le peuple ignorant, les gens de peu, les gens de rien produisent malgré eux la majorité des enfants aux capacités réelles, dont le non-emploi est aujourd'hui le cancer de la France.

Peut-être vous rappelez-vous *Billy Elliot*, le très joli film de Stephen Daldry. Dans le dernier quart du film, le héros, fils de mineur (en grève, nous sommes sous l'ère Thatcher), est convoqué pour une audition devant le jury de la Royal Ballet School – le saint des saints de la danse outre-Manche, la grande école par excellence. Audition peu convaincante, à la limite du grotesque, tant les prérequis de la discipline ne sont pas maîtrisés. Mais, interrogé par ces maîtres impitoyables sur ce qu'il ressent quand il danse, le jeune Billy explique laborieusement : « C'est comme si je disparaissais… Un changement dans mon corps… Comme si je prenais feu… Le feu… L'oiseau… Comme l'électricité… »

C'est sur cette déclaration qu'il est finalement pris dans l'une des écoles de danse les plus exigeantes au monde. Car, comme sa première prof de danse le lui a fait remarquer : « Ce qui les intéresse, ce n'est pas ta science du ballet, ça, ils sont là pour te l'apprendre, c'est une école de danse. Ce qui compte, c'est comment tu bouges. Ce que tu exprimes avec ton corps. » Elle a lu dans le physique ingrat de Billy un potentiel dont il ne se doutait pas lui-même.

Oui, la technique, on la lui apprendra. Nous sommes là pour ça, nous autres enseignants. Mais l'essentiel est qu'il ait le feu sacré. Le désir. Et l'acharnement au travail.

Ce sont là les trois paramètres du vrai bon élève – pas des singes sophistiqués que Billy a croisés dans les vestiaires de l'école de danse, et à qui il a un peu cassé la figure. Et c'est lui qui sera le Cygne dans le ballet de Tchaïkovski, à la fin du film.

En vérité, je le dis à ceux de mes collègues qui ne souhaitent que de « bons » élèves parce qu'eux-mêmes furent tels : il est des cancres plus valeureux que bien des élèves admirablement formatés. Parce qu'ils ne sont pas bons, certes, ils n'existent pas encore, ils sont en projection vers le futur. Mais ils seront meilleurs que les autres, pourvu que vous leur appreniez arabesques, assemblés, battements et sauts de chat. Ou, si vous préférez, pourvu que vous leur appreniez les bases qu'on ne leur a jamais enseignées, qu'ils n'avaient aucune chance d'acquérir à travers leur environnement familial, les bases sans lesquelles ils ne pourraient progresser, mais qu'ils assimileront, pourvu que vous preniez le temps de les leur enseigner. Il est des cancres qui sont de vraies élites en puissance, mieux souvent que ceux qui sont nés avec une cuiller d'argent dans la bouche et une distinction « naturelle », c'est-à-dire héritée.

Parmi les enfants de l'oligarchie se glissent un certain nombre d'enfants d'enseignants, malgré le statut dévalué de cette fonction. S'ils n'ont pas tous les codes sociaux, ils ont les codes pédagogiques. Et puis c'est bien le moins que l'on doit à leurs géniteurs, qui font le sale boulot pour maintenir au pouvoir une caste à laquelle ils n'accéderont jamais.

Nous nous privons ainsi des forces vives qui pourraient ressusciter ce « vieux pays », comme disait de Gaulle. D'autant que les pseudo-élites sélectionnées ne planent pas bien haut : les « bons élèves » sont malheureusement des crétins comme les autres. Mais ils détiennent les clés du pouvoir. Il n'y a qu'à les observer pour saisir à quel point, en politique aussi, le niveau a baissé. Le langage même de nos ministres se veut populaire, et il n'est que vulgaire. Quant à leur pensée, elle flotte au gré des événements qu'ils n'ont ni prévus ni maîtrisés. Cinquante ans après sa mort, de Gaulle reste un exemple incontournable, tant ce qui est arrivé après lui était pitoyable. Quant à ce qui nous est échu présentement, la décence m'empêche de porter une opinion.

Les forces vives du peuple, confinées dans des lycées professionnels méprisés, dans des filières bouchées, dans des options pédagogiques dont suinte le mépris sous prétexte de sollicitude, sont riches de destins empêchés, comme autrefois on les empêchait en les jetant dans la mine à huit ans. La désindustrialisation de la France nous contraint à passer par la case du non-emploi, ou de l'emploi précaire, de l'ubérisation tous azimuts, et sans doute bientôt du salaire minimum universel, pour contenir les ambitions déçues et la colère de ces classes non laborieuses et qui pourraient bien de nouveau devenir dangereuses. Nous vivons dangereusement, avec une minorité crispée sur d'arrogants passe-droits. Elle devrait se méfier : après la nuit du 4 Août, qui vit l'abolition des privilèges, on dressa la guillotine sur la place de la Révolution. Il est de l'intérêt des gouvernants de se remettre en cause. Quitte à redistribuer le pouvoir.

Loin de moi l'idée de prétendre que tous les cancres sont de hauts potentiels intellectuels (HPI) ignorés par des enseignants jaloux. Mais ils sont nombreux à frapper à la porte de l'ascenseur social – définitivement en panne. Aidons-les à prendre l'escalier.

Quant aux HPI qui aujourd'hui déferlent comme une épidémie... Chaque parent d'un élève en rupture d'école, chahuteur ou complètement dépassionné, est conditionné par les médias et les psychologues professionnels à se saisir de ce beau prétexte pour requinquer son ego. Alors que, dans nombre de cas, l'élève en rupture est juste un enfant mal élevé et capricieux. Et non un surdoué ignoré méchamment par un système stérilisant.

Des surdoués, j'en ai croisé deux en tout et pour tout en quarante-cinq ans de carrière : s'ils étaient statistiquement plus nombreux, l'humanité n'en serait pas là. Tout comme les authentiques sous-doués, tout aussi rares, et c'est tant mieux. Des enfants incapables d'apprendre à lire et à écrire avant la fin du CP, il y en a très peu. Des enfants susceptibles de savoir lire et écrire en petite section de maternelle, il n'y en a pas plus. Cessons donc de nous plaindre du niveau des élèves, qui n'est jamais que le produit de ce que nous enseignons. Cessons parallèlement de réclamer des classes de hauts potentiels, de petits génies en herbe. Mozart ou Rimbaud ne se trouvent pas tous les jours. Il faut s'entraîner à repérer les zèbres, ces individus au potentiel souvent inexploité, radicalement différents – non des « premiers de la classe », mais des élèves qui pensent différemment. Des secteurs entiers – les start-up liées à l'informatique, aux jeux en ligne ou sur console, ou au métavers – les plébiscitent. L'École doit les sélectionner, le vrai élitisme n'est pas dans la hiérarchie des notes mais dans l'originalité de la pensée.

La fonction d'un enseignant est de se dépatouiller avec des enfants ordinaires, en cessant de soupirer sur les élèves que nous n'avons pas, en cessant de réclamer des procédures de sélection qui permettraient de leur réserver les gosses de l'élite – ou supposée telle. Les professeurs qui se plaignent, à Paris ou ailleurs, d'avoir à gérer désormais de petits pauvres devraient au contraire se féliciter d'être confrontés à des élèves qui leur posent de vrais défis. Faire réussir des rejetons préformatés pour se conformer au système est à la portée du premier maître venu. Mais pousser un déshérité hors du destin convenu qu'on lui a écrit à la naissance, ça, c'est une vraie ambition pédagogique.

Et cela consiste à cesser de toute urgence de « respecter » les différences, les croyances, les idées reçues, les vêtements communautaires et autres inventions dont l'effet le plus sûr est d'encroûter l'enfant dans le milieu dont il voudrait, consciemment ou non, s'extirper.

La classe de spé IEP à laquelle j'ai fait plus haut allusion avait pour vocation de préparer à l'Heptaconcours des sept Sciences Po de province – et, accessoirement, au concours d'entrée de Kedge Business School, à Marseille. Les élèves étaient recrutés sur dossier, post-bac, et nous avions le souci de ne pas recruter les très bons dossiers, qui ont vocation naturellement à intégrer une classe préparatoire, mais des élèves moyens – ce qui, en ces temps d'inflation des notes, signifie qu'ils avaient autour de 13/14 de moyenne.

Recrutés quasi exclusivement sur les trois lycées ZEP de Marseille (Victor-Hugo, Saint-Exupéry et Diderot, tiercé de la relégation sociale), tous situés dans les quartiers nord de la cité phocéenne, ils étaient très majoritairement d'origine maghrébine ou comorienne, musulmans dans tous les cas, et arrivaient au lycée Thiers avec tous les préjugés des petits déclassés face à une institution deux fois centenaire – « le meilleur lycée de Marseille ». Ajoutons, pour être complet, que ce public choisi était majoritairement féminin. Et qu'au départ garçons et filles ne se côtoyaient pas, les garçons arrivant avec l'idée que ces demoiselles pouvaient être « impures ».

Alors, écoutez bien. Après quelques jours de sidération – l'architecture même de cet ancien couvent du XVIIIe siècle leur paraissait hostile –, où les filles souvent déposaient leur voile à l'entrée du lycée, ils se coulaient dans le travail intense que nous leur imposions. Très exactement, nous leur donnions les connaissances dont ils avaient été privés durant les quinze années précédentes.

Et que croyez-vous qu'il arrivait – systématiquement ? Au bout de trois ou quatre mois, quand les rêves nébuleux du début commençaient à se concrétiser, ils envisageaient la possibilité de leur réussite – au-delà du sentiment d'imposture qui les avait saisis au tout début. Et nombre de filles, justement, ambitionnaient de réussir l'IEP de Lille – à cause de l'école de journalisme qui la jouxte et, surtout, m'expliquaient-elles, pour être au plus loin de leurs parents, de leurs grands frères, de leurs copains d'enfance. Marseille-Lille, mille kilomètres. Il leur fallait au moins ça pour se sentir en sécurité, sans risque d'être rattrapées par leur milieu d'origine. Pour se décontextualiser, il fallait se déraciner. Et être enfin autonomes.

10

La laïcité à géométrie variable

La loi de 2004 avait cru bien faire en interdisant, dans les collèges et lycées, tout signe d'appartenance religieuse. C'était compter sans l'ambiguïté (ou l'hypocrisie, faites votre choix) de certains musulmans, qui jurent que tel vêtement – l'abaya, par exemple – est coutumier, et non religieux. C'est le même type d'ambiguïté (en est-ce bien une ?) qui, en accolant aux mosquées une bibliothèque, prétend faire de l'ensemble un lieu culturel et non cultuel – et bénéficier du statut d'association type 1900, avec dérogations fiscales à la clé. Tout est dans la nuance… On sait que la pratique de la *taqîya* (dissimulation des opinions religieuses) permet de mentir sans complexe aux *kouffars* que nous sommes.

Du coup, les chefs d'établissement marseillais (et ailleurs aussi) se retrouvent face à l'entrisme de fondamentalistes qui arrivent vêtus « comme là-bas » et affirment haut et fort que c'est leur droit. Barbara Lefebvre a écrit un livre entier[1] sur cette génération qui, arguant des

1. Barbara Lefebvre, *Génération « J'ai le droit » : la faillite de notre éducation*, Albin Michel, 2018.

« droits » que leur a octroyés la loi Jospin en 1989, se dispense de tout devoir. Moyennant quoi, dès octobre 1989 justement, commençait à Creil la première opération « voile islamique », que le ministre de l'époque n'a pas voulu enrayer à la source. C'est que Lionel Jospin est ce ministre – plus tard Premier ministre – qui avait cru intelligent de lancer : « Et qu'est-ce que vous voulez que cela me fasse que la France s'islamise ? »

Trente ans plus tard, ces sophismes pour fins de banquet socialiste nous reviennent en pleine figure.

L'épouse de Lionel Jospin, Sylviane Agacinski, l'aura prévenu en vain. Tout ce qu'elle en aura récolté, c'est un empêchement à s'exprimer : les *woke* et autres mandataires de la pensée unique et intersectionnelle ont gagné du terrain en trente ans.

Le lycée Victor-Hugo est situé dans un arrondissement difficile, aux portes de la Belle-de-Mai, l'un des quartiers les plus pauvres de France et même d'Europe, et cumule tous les handicaps que génèrent des établissements socialement et ethniquement unifiés. Comme dans d'autres lycées de Marseille, des élèves y ont donc testé les limites de la tolérance en entrant dans leur établissement porteurs de diverses tenues d'esthétique musulmane – l'abaya, par exemple.

Le proviseur, Fabien Mairal, n'est pas connu, localement, pour son extrême habileté de communicant. Comme le raconte *La Provence*[1] – qui relaie ces informations dans un grand esprit d'apaisement, cela va sans

1. Pierre Bussienne, Pierre Korobeinik, « Soupçons de racisme dans un lycée de Marseille », *La Provence*, 12 mai 2023.

dire –, il est arrivé, depuis janvier 2023, à se mettre à dos les élèves, les assistants d'éducation (on disait « pions » autrefois) recrutés localement, et une partie des professeurs, qui majoritairement choisissent la paix sociale plutôt que la laïcité dure, ou ont un agenda politique bien précis. Il a donc tenu, depuis le début de l'année scolaire, des propos « inadmissibles », selon ces mêmes AED qui l'ont enregistré – c'est la manie aujourd'hui dans les établissements, on filme tout ce qui se passe, merci aux concepteurs de smartphones : c'est l'une des raisons, parmi d'autres, pour les interdire dans l'enceinte des établissements. Ils ont ainsi constitué un beau dossier qu'ils ont transmis à Mediapart, un média dont l'objectivité et la neutralité idéologique ne sont plus à démontrer. Qu'on en juge.

« Je suis tenu de faire respecter le texte, s'est ainsi expliqué Fabien Mairal. Je me dois de vous préparer au mieux à votre insertion professionnelle et sociale... Je ne veux pas que vous restiez à la maison avec dix gamins à faire le couscous, le tajine ou les samoussas. »

Horreur ! Horreur ! Horreur ! Comment ? Un responsable de l'Éducation nationale prétend protéger ces jeunes filles contre elles-mêmes – et contre tous ceux qui les instrumentalisent ?

Et encore, Fabien Mairal n'a pas insisté sur la misogynie extrême d'une religion qui ne garantit pas aux filles la même part d'héritage qu'à leurs frères, qui les marie de force à des hommes qui ont parfois déjà une autre épouse, les oblige à se considérer, derrière leurs voiles, comme des provocatrices risquant d'entraîner les hommes, ces pures brebis, vers la damnation éternelle... « Dix gamins » – une allusion probable à la fameuse phrase prêtée (à tort) à Boumediene, même si l'ancien chef d'État algérien se référenciait peu à l'islam dans sa pratique du pouvoir : « Un jour, des millions d'hommes quitteront l'hémisphère sud pour aller dans l'hémisphère nord. Et ils n'iront pas là-bas en tant qu'amis. Parce qu'ils iront là-bas pour le conquérir. Et ils le conquerront avec leurs fils. Le ventre de nos femmes nous donnera la victoire. »

Une musulmane, à en croire les fondamentalistes, n'est donc qu'un utérus voilé. Belle promotion. Que des féministes, au nom de l'intersectionnalité des luttes, comme elles disent, défendent cette discrimination vestimentaire en dit long sur l'aveuglement idéologique des Chiennes de garde.

« On est accusés d'être des diffamateurs », explique l'un de ces AED, Emmanuel Roux, suspendu par le rectorat – qui, en l'occurrence, n'a pas faibli face à la guérilla lancée par les fondamentalistes de l'abaya… « Mais avec les enregistrements la vérité est sortie… »

Quelle vérité ? Que la Belle-de-Mai, comme certains territoires anglais désormais, devrait être régie par la loi islamique ? Qu'il y a une loi à Paris, mais pas la même à Marseille ? Qu'il est indécent de suspendre des adultes (un professeur-documentaliste est également suspendu par le rectorat pour avoir tenu, lors d'un rassemblement, le 8 mars dernier, une banderole sur laquelle était inscrit ce slogan délicat, « Lycée Victor-Hugo, balance ton proviseur sexiste/raciste ») qui appuient de leur autorité des revendications communautaristes ? Ledit proviseur n'a jamais été sexiste, puisqu'il défend le droit des filles à un enseignement laïque qui tente de les émanciper de la tutelle religieuse. Il n'a jamais été raciste, puisqu'il s'oppose justement à des comportements en eux-mêmes discriminants. Une abaya n'est pas un accessoire de mode. Ce n'est pas une minijupe ; c'est une déclaration de guerre : « Nous sommes chez nous. »

Le rectorat a donc, juste avant le début des oraux du bac, diffusé une note expliquant aux correcteurs (et à l'administration des centres d'examen) que les tenues d'un prosélytisme évident étaient interdites. Mais qu'elles étaient permises aux candidat(e)s arrivant d'établissements hors contrat, ou aux candidats libres. Des filles voilées côtoieront donc des musulmanes auxquelles on ne permet pas de l'être. On peut imaginer plus cohérent.

Que le ministre (ni le précédent) ne se soit prononcé clairement par décret sur le fait que toute tenue suspecte de prosélytisme religieux est interdite choque le laïque que je suis. Mais je n'attends rien, sur le plan de la laïcité, d'un homme qui vient de remplacer les dirigeants du Conseil des sages de la laïcité et d'installer à sa tête un universitaire, Alain Policar, connu pour avoir dénoncé, dans une tribune de 2019, ceux « qui font de la laïcité une arme contre la religion ». Sans compter que le nouveau Conseil ne pourra plus s'autosaisir, mais n'agira que sur saisine du ministre, qui n'est pas exactement un descendant en ligne droite du petit père Combes...

Pensez : l'an dernier, la direction de Victor-Hugo surveillait le retrait des voiles islamiques à l'entrée du lycée – parce qu'en fait ces jeunes filles arrivent voilées et tentent de faire quelques mètres pour marquer un peu plus leur territoire. Une attitude qui, selon l'enseignante-documentaliste suspendue (avec traitement quand même), vise à « cliver les profs » et à « chercher le dérapage ».

L'attitude de la direction, bien sûr. Pas celle de ces gamines manipulées. Il est significatif que l'accusation de racisme et d'islamophobie suffise désormais à renverser le cours des événements, à faire de celles qui tentent de violer la loi de pauvres victimes, et de ceux qui la respectent des offenseurs majeurs.

Et s'il s'agissait juste de faire respecter la loi ? Où est le dérapage ? N'est-il pas dans la volonté obstinée de faire entrer le culte dans un lieu de culture ? On en revient à la fusion opérée dans les mosquées – et à la volonté de constituer toutes les institutions républicaines en postes avancés de la conquête. Que des syndicats (Sud et la CGT, pour ne pas les nommer) accusent à leur tour le proviseur de « tenir des propos humiliants » pour ces jeunes filles manipulées et d'« insulter » la laïcité n'est pas bien honorable : c'est juste une façon de recruter large, n'est-ce pas...

Il faudrait inciter ces gauchistes vertueux à réviser les classiques du marxisme, à la rubrique « aliénation ». Les jeunes filles voilées croient qu'il est de leur devoir d'être soumises. Et l'Éducation vise à faire sauter, justement, toutes les contraintes, toutes les servitudes volontaires qui oblitèrent le jugement. Celles qui portent un voile ânonnent inlassablement que c'est leur choix, comme si elles répétaient en boucle la vieille émission d'Évelyne Thomas. Alors que c'est juste le contraire : la manifestation la plus sûre de l'aliénation, c'est l'impression fallacieuse d'être libre. Respecter une aliénation, accuser de racisme ceux qui s'insurgent contre le fanatisme, c'est accabler encore celles que l'on prétend défendre.

L'islamo-gauchisme se porte bien à Marseille – et ailleurs, par exemple à l'IEP de Grenoble. Sous prétexte de conflits administratifs, c'est toute une idéologie que l'on fait avancer, pion après pion, mètre après mètre. Après les petits pas, les grandes enjambées. Et je ne compte pas sur ce ministre pour mettre fin aux ambiguïtés dont se nourrissent l'hydre et ses relais.

Il faut bien comprendre ce que signifient ces événements au lycée Victor-Hugo. Dans les établissements où ils sont majoritaires, et au mépris de la loi, les antilaïques pèsent de tout leur poids pour renverser l'accusation. Ce ne sont plus eux qui s'insinuent dans la chair de la démocratie, c'est la démocratie qui les rejette ! « Raciste » et « islamophobe » sont des accusations qui ne s'énoncent que lorsque le rapport de forces est favorable à l'entrisme des « frères ». Florence Bergeaud-Blackler montre très bien dans son dernier livre[1] l'extrême naïveté (ou plutôt le plan d'action concerté) de ceux qui ont fait semblant de ne pas voir que « les Frères musulmans veulent rendre nos sociétés "charia-compatibles" ». Que des enseignants, par crainte ou par conviction, se rendent complices de ce que le romancier espagnol Arturo Pérez-Reverte qualifiait dès 2014 de « guerre sainte[2] » donne une idée des progrès de ces petits pas, devenus désormais de grandes enjambées.

1. Florence Bergeaud-Blackler, *Le Frérisme et ses réseaux, l'enquête*, Odile Jacob, 2023.
2. Arturo Pérez-Reverte, « Es la guerra santa, idiotas », *XL Semanal*, 1er septembre 2014.

Dans ces établissements déshérités, où l'on n'espère plus redresser la barre, pédagogiquement parlant (il est rarissime que le lycée Victor-Hugo place l'un de ses élèves en classe préparatoire, le niveau affligeant de l'enseignement est connu de tous les recruteurs), le fanatisme fait son lit sur l'ignorance. Et les enseignants qui tolèrent cette prospérité de la nullité académique sont les complices, actifs ou passifs, d'une religion qui ne prospère que sur l'ignorance. Cette dissociation française entre écoles de riches et écoles de pauvres génère des frustrations qui alimentent les superstitions, et, à terme, la violence. Les classes religieuses sont des classes dangereuses.

De surcroît, que reste-t-il de crédibilité pour enseigner à des professeurs qui ont fait acte d'allégeance à une religion qui ne connaît qu'un livre ? Qui a fait brûler la bibliothèque d'Alexandrie en 642, sur l'ordre du calife Omar, parce que Dieu a donné un livre qui se suffit à soi-même et l'emporte sur tous les autres ? Il y a dans l'islam wahhabite, qui domine aujourd'hui le sunnisme, un réflexe anti-intellectuel qui, interprété par des gosses ignorants et laissés dans l'ignorance, est potentiellement létal. Après tout, les assassins de *Charlie* étaient d'anciens élèves de l'École française telle qu'elle s'est désagrégée en banlieue parisienne dès les années 1990. L'ignorance est la matrice du fanatisme. En laissant les déshérités regroupés dans des établissements généralement périphériques – il n'y a qu'à Marseille que l'extrême pauvreté et l'exclusion se pavanent en centre-ville –, nous prenons des risques insensés. Les têtes creuses, laissées vides grâce à un enseignement zéro, se remplissent trop facilement de convictions mortifères, alimentées par la frustration et le sentiment d'abandon, et nourries de superstitions létales. Rejeter à la marge, c'est être assuré qu'à court terme la marge reviendra demander des comptes.

Une évidence surnage : si l'on faisait porter un uniforme aux élèves, ces questions vestimentaires tomberaient toutes seules.

11

Porter un uniforme au collège ?

Des voix se sont élevées récemment, parmi les politiques, pour prôner le port de l'uniforme au collège. Après tout, c'est une pratique ordinaire dans l'outre-mer, et les petits Antillais, que je sache, ne se sentent pas brimés par le fait d'être vêtus correctement pour aller en classe.

Je suis récemment parti au Japon étudier la façon dont les écoliers nippons sont nippés. Quoique je ne sois pas fanatique, en général, des exemples étrangers, dont l'importation est souvent difficile – mais rien ne s'oppose, par exemple, à ce que l'on apprenne désormais les mathématiques aux bambins selon la méthode de Singapour, dont plusieurs mathématiciens français de haut vol se sont fait les propagandistes –, l'esthétique vestimentaire des collégiens japonais m'a convaincu d'une chose : l'emballage fait beaucoup pour la qualité du produit.

Les règles sont strictes, au Japon. Collégiens et lycéens portent un uniforme. À chaque école le sien, mais les règles sont immuables. Pour les garçons : veste, pantalon, chemise (blanche), cravate. Pour les filles : jupe noire ou bleue, parfois plissée, chemisier (blanc ou bleu ciel), cravate ou courte lavallière. Le choix des chaussures est globalement laissé libre, les autorités ayant sans doute déduit qu'à cet âge on change sans arrêt de pointure, et qu'il serait vain de faire porter des souliers vernis à ces demoiselles.

En revanche, on leur impose le binôme chaussures-chaussettes (ou socquettes), le port de collants étant rigoureusement proscrit, pour des raisons peu claires qu'on n'a pas su m'expliquer : sans doute les autorités voient-elles dans cet accessoire une érotisation particulière. Ajoutons pour être complet que quelques écoles (fort rares) autorisent le port du pantalon pour les filles.

Les uniformes masculins (non, il n'y a aucune tolérance pour les non-binaires...) vont du complet-veston classique au blazer à l'anglaise, en passant par la veste militaire à boutons dorés et col officier. Les filles ont souvent des cols marins.

Évidemment, les professeurs sont habillés avec la même rigueur. Ça fera grincer bien des dents en France, où il suffit de porter une robe un peu habillée pour se faire regarder bizarrement dans les salles des profs – ou dans la cour du collège.

Par ailleurs, les tatouages visibles sont interdits (ils sont de toute façon très mal vus au Japon, où ils sont l'apanage des *yakuzas*, qui n'ont pas bonne réputation), et les piercings également : on repère les touristes étrangers à l'anneau que certains se sont fait passer sous le nez, comme des vaches que l'on mène au pré.

Quant aux cheveux, ils sont généralement courts, un carré avec une frange. Et, s'ils sont longs, ils doivent être attachés en queue-de-cheval – mais pas de tresses, considérées apparemment comme des instruments contondants. En aucun cas ils ne seront teints.

Ajoutons que le port de l'uniforme apparaît comme une contrainte librement acceptée, dont on se débarrasse dès que l'école est finie : les jeunes Japonaises, dans la rue, arborent les vêtements de leur choix, jupes longues à taille haute (ça allonge quand on est petite), pantalons de tous styles (j'ai vu très peu de jeans, et certainement pas de jeans savamment déchirés), dentelles de toutes les couleurs – jusqu'au noir des gothiques japonais. L'uniforme, contrairement à ce que pensent certains, n'uniformise pas du tout les esprits. Je crois même qu'il libère, par contrepoint, les forces vives de l'imagination.

Hantant de hauts lieux du tourisme où l'on amène visiblement les classes à la découverte des trésors nationaux, je n'ai jamais vu les élèves en sortie scolaire tenir un portable à la main – sauf pour photographier les monuments, ou immortaliser la balade entre eux. L'usage en est strictement interdit – et c'est une excellente chose ; on voit trop souvent, en France, des élèves rivés à leur écran au lieu de profiter des richesses culturelles qu'on leur fait découvrir.

Loin de moi l'idée de japoniser la France. Mais, puisque certains réclament aujourd'hui le « retour à l'uniforme » en classe, examinons les faits et les possibilités.

L'uniforme, en dehors des écoles privées religieuses où jupe plissée-chemisier blanc et vernis étaient de rigueur, n'a jamais été imposé en France, quoi qu'en pensent certains. On portait des blouses parce qu'on écrivait à l'encre, afin de ne pas tacher les habits. Et c'est tout.

Mon opinion personnelle importe peu. Mais il est évident qu'un uniforme éviterait les surenchères de « sape » – et, pour corollaire, le racket vestimentaire. Cela éviterait aussi les discussions byzantines sur le port de tenues communautaristes… La jupe plissée contre l'abaya, beau sujet de réflexion, non ?

Bien sûr, chaque établissement serait libre de choisir l'uniforme de son choix. L'important est qu'il y en ait un.

Et seule une loi peut imposer l'uniforme. Pas une loi directement descendue de la rue de Grenelle, qui serait immédiatement contestée par des opposants en quête de démagogie, mais une loi issue de la volonté populaire. Voilà un beau sujet de référendum.

Mais enfin, m'objecteront certains, ce sont les plus de dix-huit ans qui décideront de ce que porteront les mineurs ? Oui, parfaitement : les parents décident et les enfants obéissent. Que certains (les mêmes) pensent le contraire prouve assez que nous sommes entrés dans une ère de permissivité, de laisser-aller et de décadence Il faut rompre avec la dictature de l'enfant-roi et du grand n'importe quoi.

Admettons que la majorité ait plébiscité l'imposition d'un uniforme. Reste la question pratique : comment le payer ? Je serais partisan d'une solution mixte : les parents l'achètent et les villes/départements/régions le cofinancent, par exemple sous forme d'un bon d'achat strictement réservé à cela.

Et j'aimerais assez qu'un ministère capable de prendre des décisions impose pour ces uniformes une fabrication française. Avec plus de douze millions d'élèves à vêtir chaque année, il y a là de quoi ranimer une production hexagonale détruite par une politique mondialisée et par des industriels plus pressés d'acheter des sous-produits sino-pakistanais que d'habiller correctement leurs concitoyens. Nous étions leaders dans l'habillement, grâce à des efforts continus commencés sous Colbert. Nous pouvons le redevenir, avec une incitation puissante. Et la mise en fabrication d'uniformes scolaires serait un beau levier de renaissance. Gens du Nord qui avez connu la Lainière de Roubaix et La Redoute, faites-vous entendre !

Pour le reste – coiffure, tatouages, etc. –, les conseils d'administration des établissements, au lieu de se lancer dans des surenchères de démagogie, seraient bien inspirés d'édicter des règles claires et rigides.

Quant aux portables, ils sont en théorie interdits. Ils devraient être confisqués – et rendus aux parents sur convocation – pour tout usage privé dans l'enceinte scolaire. Cela fera le plus grand bien à ces jeunes cervelles décervelées par les écrans, qui, lorsqu'on touche à leurs portables, hésitent entre la crise de nerfs et l'accusation ubuesque : « Vous l'avez abîmé ! »

Non, on ne l'a pas abîmé. On a résisté à l'envie de le fracasser contre le mur.

12

Le bac est une fiction

En 1978, Maurice Pialat réalisait *Passe ton bac d'abord*, une fiction morose située dans les territoires du Nord, où l'examen final déjà ne signifiait plus grand-chose, sauf pour une petite poignée d'enfants de prolétaires dont les parents n'avaient jamais rêvé décrocher l'examen. Le même titre était repris en 1994 par Olivier Lamour, pour un documentaire dans lequel le fils d'un couple – le père répare des engins agricoles, la mère travaille dans une usine de poissons – passe l'examen qui signifie encore quelque chose pour ces petites gens. Enfin, en 2021, France 3 Bretagne réalise avec un titre similaire un documentaire sur des adultes – ils ont entre vingt-quatre et soixante-dix ans – qui reprennent le chemin de l'école, de la seconde à la terminale, dans l'espoir de passer enfin le bac.

Trois fictions touchantes en ce qu'elles expriment l'essentiel du mythe : le bac a longtemps été la porte d'entrée dans l'enseignement supérieur et, partant, dans une autre vie que celle de ses parents, quand ces derniers ne l'avaient jamais passé. Parce qu'il n'y a plus que pour les petites gens que le bac a gardé une part de son aura d'autrefois, quand seulement 2 % des Français l'obtenaient (ça, c'était sous l'Empire, peu après que Napoléon l'eut créé), ou même quand le pourcentage de reçus ne dépassait pas 65 %, jusqu'aux années 1970. Puis vint l'ère Chevènement et ses « 80 % d'une classe d'âge au bac », une ambition aujourd'hui enfoncée par les scores mirobolants de l'examen le plus dispendieux et le plus inutile de la République.

Neuf cent millions d'euros pour mettre en place un néant : c'est beaucoup trop, même pour un symbole. Quant aux récents développements de l'examen, avec ses épreuves anticipées entre fin mars et début avril, cela frise la caricature : les candidats n'ont plus aucune motivation pour revenir en classe alors que l'essentiel est joué. Faut-il que les têtes creuses qui entouraient Blanquer et ont eu ces idées lumineuses n'aient jamais enseigné dans le second degré !

Ceux qui suggèrent désormais d'en revenir à un examen passé tout au long du mois de juin semblent ignorer que Parcoursup choisit parmi les vœux des élèves de terminale bien avant l'obtention de ce qui fut jadis un « précieux sésame », pour parler comme la presse, et qui n'est plus aujourd'hui qu'un titre sans effet. Pour cent balles, tu n'as plus rien ; avec le bac non plus. Ce fut jadis la clé de bien des inscriptions post-bac – par exemple pour le concours de policier. Demandez aujourd'hui aux caissières de votre supermarché favori, vous serez étonné d'apprendre que nombre d'entre elles ont une licence. Le bac est un examen à valeur marchande nulle.

Il a vocation à disparaître, comme a disparu le certificat d'études.

Et, d'abord, que signifie cette expression, « le » bac ? L'article défini, en français, vient du démonstratif latin dit de troisième personne à valeur laudative, *ille/ illa*. « La » Callas, c'est l'inoubliable Callas. « Le » bac... Quel bac ? Celui qu'a institué Napoléon pour moins de 2 % de la population de 1802, ou celui qu'ont réussi 96 % des candidats en 2020 et 2021 ? Il n'y a toujours qu'*une* Maria Callas, mais le bac que vient de décrocher votre enfant n'est « le » bac que par dérision. Par antiphrase. « Le » bac ? Ah ! oui, celui de tout le monde...

Il est temps d'en finir avec cette uniformité et unicité trompeuse. On sait déjà – et les vitupérations syndicales n'y changent rien – que le bac préparé dans tel établissement vaut mieux que celui obtenu dans tel autre, et qu'à chaque lieu de production correspond un produit différent, que l'on prétend pourtant standardisé. Elle est là, l'école à deux vitesses. Le poids effectif du contrôle continu, c'est-à-dire de la qualité de l'enseignement dispensé çà ou là, fait l'essentiel du diplôme.

C'est si vrai que 40 % des formations post-bac – CPGE, BTS, facs à dérogation comme Dauphine – recrutent depuis longtemps avant le bac, dès le mois de mai, sur la foi de dossiers dont l'origine géographique pèse très lourd. Non, tous les postulants ne sont pas égaux – même anonymisés. Et non, tous les lycées ne se valent pas – ni tous les enseignants. Des années durant, au cours des longues journées de sélection en CPGE, j'ai entendu nombre de mes collègues (en maths, particulièrement) arguer que telle terminale de tel lycée avait tel ou tel prof dont l'enseignement était très sérieux – alors que tel autre... Mais nous avons vu que les bonnes notes ne sont souvent qu'un moyen d'acheter la paix – démagogie et non pédagogie ?

Autre fiction : on ne revivifiera pas le bac en revenant à des épreuves notées en valeur absolue. Quels parents admettraient un pourcentage de réussite de 60 %, comme ce fut le cas jusque dans les années 1970 ? Et quels enseignants oseraient évaluer des copies en valeur réelle – ce qui se fait en classes préparatoires, et qui explique le léger malaise d'anciens très bons élèves, ou supposés tels, qui ont obtenu « le » bac avec une mention « très bien » et qui se retrouvent à flirter avec des notes très basses, mais réalistes.

Il est temps non pas d'admettre la vérité, à savoir que le système français est à deux vitesses – quelques établissements sérieux et une foule de ghettos scolaires –, mais de contrecarrer cette répartition. Le bac est un obstacle à une répartition plus équilibrée des savoirs, des compétences et des talents.

Au passage, la suppression du bac permettrait la reconquête non plus seulement du mois de juin, mais de tout le dernier trimestre. Plaidons pour un système de contrôle continu fondé sur des devoirs surveillés au rythme d'un toutes les deux semaines tout au long de l'année – des devoirs sur table passés le samedi matin. En maintenant la pression jusqu'à la fin juin, et en repoussant au début de juillet le couperet de Parcoursup, quitte à ce que les universitaires travaillent en cette fin d'année, au lieu d'aller tout de suite se perdre dans des colloques nationaux et internationaux. Le devenir de 670 000 élèves en fin de parcours chaque année vaut bien de sacrifier quelques pince-fesses entre initiés d'un tout petit monde, comme dit David Lodge[1].

1. *Un tout petit monde*, de David Lodge, raconte l'été d'un universitaire anglais, qui va d'un colloque (le mot est ambigu

Le seul moyen est de décrocher le système éducatif de la rue de Grenelle. L'instruction publique n'a rien d'une fonction régalienne. Elle peut très bien être assumée par les régions, les départements, les villes. Chaque établissement doit oser proposer un projet, et les parents doivent pouvoir inscrire leurs enfants selon ce projet. La proximité est essentielle en matière d'éducation – ce qui se passe souvent en primaire, plus rarement au collège, encore moins au lycée.

Il ne s'agit pas de faire des parents d'élèves des « coéducateurs », comme on a tenté de le proposer ces dernières années. Mais, puisqu'ils ont des réflexes de consommateurs, d'en faire des consommateurs éclairés. Nous exigeons de savoir avec quoi on a arrosé les légumes que nous achetons, nous devrions savoir quelles salades seront servies à nos enfants – et par qui.

Car le recrutement aussi doit être déconcentré. Que Paris s'arroge le droit de régenter l'existence d'enseignants lancés dans un métier difficile en les envoyant à 800 kilomètres de chez eux est désormais insupportable. C'est aux régions de régler cette question, afin que les néoprofs soient, comme les néo-instituteurs, nommés dans une aire géographique proche de leurs racines, sauf souhait contraire.

Cela suppose – et c'est le dernier tabou à briser – que les concours eux-mêmes soient au moins en partie

même en français) à l'autre pour vivre des aventures amoureuses et réciter en boucle une conférence dont le thème est « Tout décodage est un nouvel encodage », formule qui elle aussi est sujette à des sous-entendus érotiques (Secker and Warburg, 1984 ; Rivages, 1991, pour l'édition française).

régionalisés. Que les épreuves soient communes, fort bien – mais en sachant qu'Aix-Marseille offre tant de postes dans telle ou telle matière, et Auvergne-Rhône-Alpes cinquante de plus, ou de moins. Que l'Île-de-France offre pour venir s'installer dans l'académie de Créteil tel ou tel avantage en espèces ou en nature – au lieu de compter, comme aujourd'hui, que des profs débutant à moins de 2 000 euros par mois trouvent tout seuls 9 mètres carrés pour se loger en Seine-Saint-Denis. Et, oui, il peut y avoir des disparités de salaires selon le lieu, la qualification et, à terme, le mérite.

C'est cette réforme que doit porter un candidat sérieux à la présidence, en 2027 – et déjà certains des postulants y pensent. Le vieux système jacobin a vécu, il ne produit plus que des pleurs, des grincements de dents, et « un » bac plein de lauréats dérisoires.

13

Le lycée professionnel, parent pauvre du système

« Vous avez vu ? Le président a parlé du lycée professionnel !

— J'ai vu et entendu. Encore une grande cause nationale ! Une indemnité pour les élèves, des stages rémunérés – c'est reconnaître que lesdits élèves fournissent un vrai travail… Plus de stages, par ailleurs – ce qui signifie, de fait, moins d'heures de formation générale. Un responsable syndical – il arrive que certains disent des choses justes – a ainsi déclaré : "Nos élèves, plus jeunes qu'auparavant, ont besoin de plus de temps d'école et pas de temps d'entreprise. Emmanuel Macron cherche avant tout de la main-d'œuvre." Une évidence ! Mais que voulez-vous que le chef de l'État, passé par les filières d'excellence (ou décrétées telles) de l'École française connaisse réellement aux gosses jetés dans les lycées professionnels ?

— Ma foi… Le précédent gouvernement Macron a supprimé les BEP en 2021…

— Ce n'était pas une mauvaise chose. Pour avoir vu, dans un conseil de classe de sixième dans un collège d'une bourgade perdue de Camargue, des enseignants qui s'empressaient d'orienter vers la voie professionnelle – à douze ans – des gosses qui ne maîtrisaient pas les fondamentaux, je ne peux qu'approuver la décision de Jean-Michel Blanquer. En fait, tout au long de la scolarité, on se débrouille pour balancer hors système les enfants qui ne sont pas conformes – ou que l'on n'a pas rendus conformes. Et vous savez bien que ce sont toujours les mêmes : les petits pauvres. Fin troisième, 90 % des enfants de cadres supérieurs choisissent la voie générale, contre moins de la moitié des enfants d'ouvriers non qualifiés et d'employés de services aux particuliers. Alors, plus cons, les pauvres ?

— Non, bien sûr ! Mais que faire de ces enfants qui sont incapables de suivre ?

— Il faut cesser de penser en termes de classes successives rigides. L'École française crève de ces distinctions successives entre classes généralistes et classes pratiques, techniques, professionnelles. Comment peut-on condamner un gosse de douze ans à une vie de semi-misère, alors même qu'il est loin d'avoir eu toutes les chances de développer des appétences particulières ? Comment peut-on décider, parce qu'on est prof de maths ou de français en sixième – la fin du "cycle 3" hérité de Najat Vallaud-Belkacem –, en quatrième – c'est là qu'on expédie en sections agricoles, les enfants de récolteurs de fraises seront récolteurs de fraises – ou en troisième, que tel ou tel gosse un peu remuant ira dans une voie professionnelle dont il ignore à peu près tout ? Les enfants de caristes deviendront caristes, c'est ça ? Vroum-vroum, comme papa !

— Mais…

— Un gouvernement qui voudrait donner à chacun toutes les chances d'aller au bout de ses compétences commencerait par construire un vrai tronc commun, de la sixième à la seconde. Et par supprimer ces cloisonnements entre classes, où le redoublement est la clé de la discrimination. Je serais assez partisan d'un système en unités de valeur, cumulables pour chaque matière. Vous pouvez très bien ne pas avoir d'intérêt pour les maths ou les langues et ne pas manquer d'intelligence par ailleurs. Oui, un tronc commun qui permettrait à tous de se frotter aux métiers, d'approfondir ses connaissances générales, de ne pas être discriminé à douze ans ! Il est fréquent que des adolescents redécouvrent l'intérêt de la culture plus tard, dans leur vie. Mais plus tard, c'est trop tard ! En fait, c'est dès la petite enfance que l'on rate ces enfants orientés plus tard vers des métiers plus ou moins reluisants. Il faut apprendre vraiment les fondamentaux à l'école primaire – du français, des maths, de l'histoire-géographie. Il faut déblayer des programmes qui ont chargé la barque – initiation au permis de conduire et sensibilisation à l'écologie ! Et des heures de foot, en veux-tu en voilà ! 40 % de semi-illettrés en sixième ! Quel instituteur se satisfait d'un tel score ? Et encore, c'est une moyenne. Dans les collèges ethniquement purs de telle ou telle banlieue, c'est bien au-delà. Ce sont les enseignants – en majorité de gauche, ce qui est un comble – qui se chargent de la séparation entre élites et futurs esclaves. C'est moins, dans mon esprit, une question de droit qu'un problème de rentabilité sociale. On ne peut plus continuer à se priver des talents et des potentiels inexploités. On ne peut plus se contenter de bien noter des enfants qui sont arrivés à l'école avec tous les codes, et massacrer ceux qui ne savent même pas le français.

— Certes... On manque ainsi cruellement d'enseignants pour faire entrer les nouveaux migrants dans la langue et la culture... Rien qu'à Marseille, 80 % des besoins dans ce domaine ne sont pas couverts.

— Et on inscrit d'autorité dans les lycées professionnels des primo-arrivants qui se déclarent mineurs, alors qu'ils ont de toute évidence dépassé les vingt ans. Après, c'est un peu simple et facile de mettre sur le dos de l'immigration, légale ou sauvage, tous les maux de la société. Quand on exclut d'emblée, il ne faut pas s'étonner que le boomerang vous revienne en pleine face.

— N'exagérons pas. Il y a des lycées professionnels très demandés, dont les élèves sont embauchés dès leur sortie. Voyez les lycées hôteliers, où l'on embauche avant même qu'ils en soient sortis, tant la demande est forte ! Et bien des élèves pourraient se faire plombiers, ils gagneraient bien davantage qu'avec un mauvais bac général. Ou dans l'ébénisterie, la passementerie, tous les métiers liés au luxe. Ou le lycée Edgar-Faure, à Morteau, dont les sections horlogerie sont à la pointe de l'excellence française...

— Vous avez raison. J'avais voulu d'ailleurs m'y rendre pour en chanter les louanges, à l'invitation de la députée du coin, Annie Genevard. C'était en 2017, avant les élections. Le bruit en est arrivé jusqu'au ministère, alors sous la férule attentive de Vallaud-Belkacem, qui a donné un ordre positif au recteur de la région pour m'interdire l'accès de l'établissement. Faute de se consacrer à de vraies questions, cette ministresse réglait ses comptes... Mais, en même temps, vous avez tort : bien des LP très fréquentés – le secrétariat, par exemple, ou la chaudronnerie – sont des lieux de relégation d'élèves mal formés, peu motivés, future chair à ubérisation rapide[1]. »

Soyons sérieux. C'est dans les lycées professionnels que l'on case, avec un pied-de-biche, les nouveaux immigrants – souvent en dépit de leur âge réel, bien loin de celui qu'ils affichent. Croyez-vous que les étrangers qui déboulent en France soient tous des abrutis ? Le conflit entre la Russie et l'Ukraine, par exemple, a fait comprendre à bien des maîtres que les petits Ukrainiens ont plusieurs longueurs d'avance en maths : c'est dire qu'à dix ou douze ans les petits Français, s'ils étaient correctement formés, pourraient en savoir autant. Mais où sont les maîtres capables d'enseigner sérieusement les maths à des enfants laissés en jachère, occupés, comme à Grenoble, municipalité verte, à planter des légumes dans la cour de l'école afin qu'on ne puisse plus y jouer au foot, activité « genrée », comme disent ces imbéciles ?

Il faut déclencher un plan Orsec de l'Éducation, en mettant tout le poids du système dans la maîtrise des fondamentaux – pour tous ! Quitte à décontextualiser les élèves dans des internats d'excellence, comme on en a créé çà et là – trop peu. Il faut arracher les enfants aux déterminismes de la famille, du quartier, de la « communauté » !

1. Ce dialogue fictif vient d'un dialogue réel. Que celle qui me l'a inspiré, et qui se reconnaîtra peut-être, en soit ici remerciée.

Les gosses des familles aisées baignent dans un univers de culture. Dans un univers langagier huppé. C'est tout ce qui fait la différence. C'est tout ce qu'il faut enseigner aux enfants de personne.

Et arrêtons, s'il vous plaît, de demander sur les sempiternelles fiches de rentrée – qui ne sont qu'un moyen de faire obéir trente élèves pendant dix minutes, début septembre – la profession des père et mère. Cela suffit à conditionner le regard que l'on pose ensuite sur ces enfants. Le nom déjà est souvent un stigmate – ou le prénom, et je suggère aux familles d'origine étrangère de donner à leurs enfants, à la naissance, des prénoms qui leur permettent de ne pas être discriminés par la suite. Regardez Zidane, qui a prénommé ses enfants Enzo – comme un autre célèbre joueur de foot italien –, Luca, Théo et Elyaz. Mais Zidane, né à Marseille, et « musulman non pratiquant » selon ses dires, est un Kabyle intelligent. Et particulièrement bien élevé par des parents algériens d'origine, mais soucieux de l'intégration de leurs enfants. Si les petits Maghrébins qui errent à la Castellane, ce château fort de la délinquance, imperméable à toute action policière, construit à la fin des années 1960 par des architectes déments dans les quartiers nord de Marseille, veulent un modèle, Zidane en est un – bien mieux, en tout cas, que les frères Kouachi !

L'immigration n'est un problème que parce que nous laissons les étrangers rester entre eux, et organiser une vie tribale en marge de la société française. L'intégration – nous en avons intégré bien d'autres, Macaronis ou Polaks, Ruskofs et Espingouins – passe par une dissémination sur l'ensemble du territoire ; elle passe aussi par l'école, pourvu qu'on s'en donne les moyens.

À moins que nous ne considérions les étrangers, consciemment ou non, comme corvéables à merci, destinés aux petits boulots et aux gros trafics, variables d'ajustement d'une société qui se paie le luxe de se priver systématiquement des talents et des potentiels. Pour avoir enseigné à des centaines d'entre eux au fil de ma carrière, je sais que c'est une fiction – une fiction dangereuse, entretenue par des politiciens qui ne connaissent rien aux ressources de l'instruction publique.

Et s'il faut, bien sûr, réformer de fond en comble l'Éducation, peut-être faudrait-il parallèlement envoyer à la réforme l'essentiel du personnel politique.

14

Mixité scolaire, mixité sociale, mixité ethnique

Il n'est pas inutile, parfois, d'interroger l'inconscient et le non-dit des maîtres. Ceux qui sont aujourd'hui les plus hostiles à toute mixité scolaire dans les établissements les plus huppés – et particulièrement dans le privé – ne sont-ils pas, plus ou moins consciemment, hostiles à la mixité sociale ? « Comment ? Des enfants de prolos chez nous ? C'est tout à fait impossible... » Ou pire, à la mixité ethnique ? « Accueillir des peaux "plus bronzées que nos p'tits poulbots", comme chantait Souchon en 1977, vous n'y pensez pas... » Sans doute pensent-ils que le noir déteint...

Autant être clair. L'École est le premier vecteur d'intégration. Elle est le fer de lance de l'assimilation. Ses dysfonctionnements, depuis trois décennies, ont justement gêné cette fonction.

Encore faut-il savoir ce qu'il convient de faire face à des enfants ou de jeunes adultes qui arrivent de par-delà les mers, avec des vêtements, des langages, des religions distinctes et peu susceptibles de cohabitation. De la même manière qu'elle doit enseigner la langue française dans ce qu'elle a de plus beau et de plus difficile, l'École doit combattre les habitudes, les tics de pensée, les fanatismes et les superstitions. Elle doit apporter la lumière.

Il y a deux écueils, l'un à droite, l'autre à gauche – mais droite et gauche, on l'a vu, sont radicalement incompétentes en matière d'éducation, parce qu'elles mélangent l'idéologie dans la gestion de la pédagogie. Dire que l'immigré, par définition, ne s'intégrera pas, c'est du racisme. Dire qu'il faut respecter la différence et la personnalité de l'étranger assis face à nous, c'est aussi du racisme.

L'École n'existe pas si elle n'est pas un creuset où les différences sont fondues ensemble et amalgamées avec les spécificités françaises. Elle est là pour enseigner une langue, c'est-à-dire une culture. Le respect dû à l'élève ne concerne que son travail : je te respecte pour ce que tu fais, pas pour ce que tu es. Nous ne sommes, les uns et les autres, que la somme de nos actes. Aucun respect n'est dû à des pratiques ou des affirmations qui sont étrangères à la culture française que doit enseigner le professeur. Aucun respect n'est dû à des superstitions venues de civilisations archaïques : non, la Terre n'est pas plate, et la femme est l'égale de l'homme ; elle n'a pas à être voilée, excisée, minorée. La loi Jospin, en 1989, a ouvert la boîte de Pandore en affirmant que l'élève a le droit d'exprimer son opinion : l'élève n'a pas à avoir d'opinion autre que celle du maître, qui lui-même n'a d'autre opinion que celle de la civilisation qu'il transmet.

L'interjection si fréquente, « c'est votre avis, pas le mien », n'a pas à être prise au sérieux : ton avis ne vaut rien face au mien. La justification systématique « c'est la religion qui le veut » n'a pas à être entendue dans l'école française laïque : nous offrons une nouvelle patrie, nous devons enseigner rigoureusement les règles et l'amour de cette patrie. Le fait religieux s'enseigne, il ne se vénère pas. Une École bien comprise est, pour l'ignorant, le lieu d'un blasphème sans fin. À nous d'expliquer que le blasphème est de l'autre côté – du côté de ceux qui offensent les Lumières.

Les effets de meute, qui gênent parfois le bon fonctionnement d'une classe, ne doivent pas être tolérés. Toute affirmation contraire au droit doit être rigoureusement sanctionnée : les filles ne sont pas « impures » et n'ont pas à porter de vêtements spécifiques destinés à cacher leurs formes – alors que les garçons pourraient librement s'épanouir avec des jeans serrés mettant en avant leurs petites caractéristiques de mâles arrogants. Il n'y a pas de « pudeur musulmane », et certainement pas dans une civilisation qui a enfanté Shéhérazade, et quelques autres gourgandines de premier plan. Un établissement scolaire est en droit d'exiger une tenue correcte – et le recours à un uniforme est encore le meilleur moyen de l'imposer. Il n'a pas à accepter des tenues « ethniques » qui ne sont en fait que des avancées religieuses, un grignotage de l'espace laïc au profit de religions qui mêlent allègrement le culturel et le cultuel. Si la France accepte toutes les croyances, elle n'a pas à tolérer leurs manifestations dans l'espace public, ou dans cette forge de l'identité française qu'est l'Ecole.

Le vrai respect, celui que l'on doit aux élèves, quelles que soient leurs origines et leurs convictions erronées, consiste à les dépayser complètement. À les détacher de cultures exogènes pour les initier à l'identité française. À leur interdire toute expression de la superstition, tout comme on doit leur faire comprendre que l'essentiel de leur discours est composé de stéréotypes hérités de leur famille, de leur « communauté », de leur quartier. La construction d'établissements scolaires au sein des ghettos institués dès les années 1960 pour accueillir les immigrés fut une faute majeure, et plutôt que de les réhabiliter, autant les détruire et les reconstruire ailleurs : ça ne coûte pas plus cher, en fait. Aux villes, aux régions d'inventer un mode de transport diversifié ou des internats isolés pour éclater en différents sites d'enseignement des nouveaux venus qui par réflexe cherchent d'abord à rester engoncés dans leurs certitudes aberrantes. Un professeur doit leur permettre de faire table rase de leur passé. Il faut décontextualiser les élèves – et c'est ce à quoi une mixité bien comprise et bien aménagée doit conduire.

Tolérer les voiles, les abayas, et toutes les inventions par lesquelles une religion des sables a systématiquement infériorisé les femmes, c'est se rendre complice de l'aliénation par laquelle un fanatisme venu d'ailleurs tente de s'infiltrer dans notre pays. L'affirmation de gamines manipulées, prétendant que « c'est leur choix », est la preuve même de leur aliénation – relisez Marx et Engels. Ou La Boétie, si vous préférez des références françaises : la servitude volontaire, explique l'ami de Montaigne, se révèle dans le fait qu'elle est défendue *a priori* par celles et ceux qui en sont les premières victimes, pendant que ceux qui les exploitent ricanent de leur naïveté – et de la nôtre. Ceux-là, croyez-moi, ne veulent surtout pas de mixité, parce qu'ils la craignent, dès lors qu'ils ne se sentent plus en position de force.

Quant à ceux qui préconisent de rejeter les immigrés à la mer, ce sont des demi-habiles, ou des trois-quarts-crétins. Ils ignorent le droit (et l'utilisation de ce droit par des organismes aux ressources considérables), et surtout les ressources infinies d'une instruction publique bien comprise.

Le respect que nous devons aux élèves d'origine étrangère, mais aussi bien à certains de nos compatriotes engoncés dans d'étranges certitudes, consiste avant tout à les arracher à leur destin, afin de les naturaliser français. En leur apprenant le bon français, la vraie culture, la pensée complexe, et non le gloubi-boulga dans lequel ils s'expriment le plus souvent, la culture inculte qui est la leur, la pensée archaïque, tissée de poncifs et d'idées reçues, qui est l'héritage de leurs parents, de leur milieu social, de leurs superstitions. C'est cela, la laïcité – et ceux qui penchent pour une laïcité « ouverte » sont les fourriers de l'armée des ténèbres qui cherche à s'imposer dans l'École des Lumières.

15

Pour de nouveaux programmes

Les programmes du primaire et du collège ont été bouleversés de fond en comble sous l'ère de Najat Vallaud-Belkacem, dans le sens d'une plus grande simplicité. Des notions de grammaire fort anciennes et éprouvées, comme l'adjectif, le complément du nom, le groupe prépositionnel, les propositions relatives ou conjonctives, ont été regroupées sous l'appellation uniforme de « prédicat ». Nous voilà beaux.

Inutile de s'étendre sur l'absurdité d'une appellation qui n'en est pas une. Mais ce que je retiendrai de cet épisode grotesque, c'est la preuve que l'on peut tout changer en quelques mois.

Les programmes du primaire et du secondaire doivent être réécrits. Il ne servait à rien que le « nouveau bac » Blanquer impose, pour l'oral de l'épreuve anticipée de français, l'étude d'une question grammaticale, si la grammaire n'est pas étudiée. Il ne sert à rien que Pap Ndiaye suggère d'ajouter une heure de français en sixième à partir de septembre 2023 afin de faire quelques dictées supplémentaires, si cette heure est confiée à des professeurs des écoles qui se sont révélés incapables d'enseigner la grammaire de base dans les cinq années précédentes. Il faut uniformiser l'apprentissage de la lecture et de l'écriture entre maternelle et cours préparatoire pour qu'aucun élève ne sorte illettré de l'école primaire. Aucun.

On en est loin.

Inutile de s'étendre sur la faillite du collège, quand 40 % des entrants en sixième ne maîtrisent ni la lecture ni l'écriture, ignorent tout de la chronologie historique et entretiennent avec les mathématiques des relations lointaines et conflictuelles. Et quand les tests mis en place par le ministre Blanquer en sixième ne visaient qu'à mesurer la fluence, c'est-à-dire le *nombre* de mots lus en une minute, sans prendre en considération la *qualité* de la lecture – ne serait-ce que le respect de la ponctuation, qui signe directement la compréhension d'un texte…

Inutile, aussi, de préciser que les programmes du collège ne peuvent se concevoir sainement qu'en regard de ceux du primaire, en amont, et des ambitions du lycée et au-delà, en aval.

Tout d'abord, il faut renoncer au singulier, « le » collège. Entre les établissements (c'est le cas de la plupart des « cités scolaires », ce qui devrait donner à réfléchir) qui amènent les élèves au niveau requis au lycée (ce qui n'est pas en soi un exploit, vu le niveau requis dans 90 % des lycées) et ceux qui y ont renoncé depuis belle lurette et gèrent la catastrophe, il y a toute une gamme d'établissements qui n'ont pas grand-chose à voir les uns avec les autres. En tout cas, deux grandes catégories : les collèges des riches, peu nombreux, et les collèges des pauvres – et leur nombre est légion.

Il faut par ailleurs distinguer les collèges sans difficultés particulières et les autres, et imaginer des programmes distincts, sur une base conceptuelle : donner beaucoup plus à ceux qui ont moins, et la même chose à ceux qui ont plus.

Rien d'original dans cette proposition : elle avait été formulée, avec un vocabulaire d'époque, par Le Peletier de Saint-Fargeau en 1792 dans son projet d'éducation rival de celui de Condorcet (et qui fut, pendant un certain temps, préféré à celui de Condorcet). Il voulait laisser plafonner les riches afin de permettre aux pauvres de s'élever.

Pratiquement, cela me renvoie à ce que j'ai fait durant cinq ans, lorsque j'enseignais dans un collège campagnard de Normandie, au Neubourg. Au nez et à la barbe des partisans du collège unique, j'avais fractionné mes classes en groupes de niveau, faisant des dictées courtes aux plus faibles, et allongeant peu à peu le texte en fonction des capacités, imposant finalement aux meilleurs, avec des critères de notation plus durs, des dictées d'une page entière en cinquième. Et cela profitait à tout le monde, et suscitait une émulation permanente : puisque les groupes n'étaient pas constitués de façon immuable, chacun pouvait, chaque semaine, monter d'un cran ou être rétrogradé. Je crois aux vertus de la compétition, et les jeunes, qui connaissent mieux les scores de leurs équipes préférées que leurs tables de multiplication, adorent la compétition. Il faut être borné comme certains psychopédagogues pour penser qu'une égalisation des conditions et des résultats amènera un monde meilleur. L'homme est la créature qui aime gagner.

Tout le monde s'entend sur la nécessité (et l'urgence) de renforcer au collège (et très certainement en amont du collège) les matières fondamentales, français et maths. Que près de 45 % des entrants en sixième soient quasi analphabètes n'est pas une performance dont nous pouvons nous satisfaire.

Savoir comment on parle, comment on écrit – dans un monde informatisé où l'on écrit bien plus qu'autrefois – et entrer dans le raisonnement scientifique. J'y ajouterai l'histoire-géographie, tant il est essentiel que les élèves sachent d'où ils viennent et où ils sont. En fait, je ne conserverais d'obligatoires que ces trois matières : français, maths, histoire-géographie.

Je sais que l'on insiste beaucoup sur l'EPS. Si cela consiste à organiser des matchs de foot dans la cour du collège, je n'en vois pas l'utilité. Les jeunes élèves courent bien assez par eux-mêmes. Quant à l'équilibre alimentaire, n'est-ce pas aux parents de s'en charger ? C'est eux qu'il faut former. Et si tant d'enfants sont aujourd'hui obèses, ce n'est pas la faute de l'École, ce n'est pas à elle d'y remédier.

Parce que, globalement, il faut en finir avec l'intouchable « liberté pédagogique », qui n'est souvent que le cache odieux de l'incompétence et de la paresse. Non seulement il faut dire aux enseignants ce qu'ils ont à faire, et comment, mais il faut les former à cela. Ou les reformer, étant entendu que nombre d'enseignants formatés à partir des années 1990 par les IUFM/Espe/Inspe sont parfaitement incompétents, par exemple, en grammaire française. La magie factice du « prédicat », objet non identifié lancé à la fin des années Hollande, est là pour en témoigner. Il est de toute première urgence de remettre à niveau des enseignants qui n'y ont jamais été.

Première évidence : pour alourdir les programmes de matières précises, il faut commencer par alléger. Ceux de matières secondaires. On ne peut plus charger la barque.

Le ministre y a d'ailleurs pensé, en suggérant de supprimer les heures de technologie en sixième, et de les aménager sérieusement à partir de la cinquième. C'est bien, mais c'est insuffisant. Il faut, par exemple, limiter les sorties scolaires, qui font perdre systématiquement au moins une demi-journée, à une par trimestre, toutes matières confondues. Les élèves ne sont pas en classe pour herboriser sur les îles du Frioul, mais pour faire de la grammaire et des maths. En fait, pourquoi ne pas laisser les familles choisir des options dès le collège, sur la base de ce qui se fait désormais fin seconde ?

En revanche, je serais très favorable à des sorties scolaires à la découverte des métiers. Que les élèves s'orientent (ou non) plus tard en LP en toute connaissance de cause, et non par défaut, stigmatisation à l'appui. D'ailleurs, un tronc commun devrait exister jusqu'au bac entre toutes les sections, LP compris, afin de donner à tous une culture de base solide. Et comptabiliser des unités de valeur dans chaque discipline. Le bac, tout le monde sait désormais qu'il ne sert à rien, sinon à nous faire perdre 900 millions d'euros par an, et à bousiller l'année scolaire à partir d'avril. J'y reviendrai plus loin.

Seconde évidence : il faut cesser de penser en termes de programmes nationaux – ou, plutôt, il faut élaborer deux programmes, l'un maximaliste et l'autre minimaliste, en fonction du niveau des élèves. Ce qui suppose que nous en finissions avec cette fiction terrible que fut le collège unique.

Il faut réécrire des programmes conçus année après année, et non par « cycles ». C'est d'ailleurs une règle qui devrait s'imposer en primaire. Une progression dont la logique chronologique doit être le maître mot.

Rappelons qu'en maths, par exemple, cette organisation par cycles a reculé jusqu'aux frontières de la sixième l'apprentissage des quatre opérations de base – si bien que multiplication et division sont loin d'être maîtrisées en sixième.

En histoire, en revenir à une progression chronologique stricte, de l'Antiquité à nos jours, sur un schéma événementiel. Il est inconcevable qu'un élève de collège (et pas mal d'élèves de lycée, par conséquent) ne sache rien de la guerre de Cent Ans, de la Renaissance, du siècle de Louis XIV, etc. Prof de prépas, je me suis retrouvé face à des élèves qui ignoraient tout de la guerre de Trente Ans. Comment leur expliquer Corneille ? Ou de la guerre de Sept Ans : comment leur expliquer Voltaire ? Comment leur faire comprendre que Léonidas n'est pas seulement une marque de chocolats ?

Les technologies informatiques ne sont d'aucune utilité dans une formation exigeante. L'usage du portable, préconisé par certains pédagogues, est une absurdité, et le crétin digital n'est qu'une variante du crétin tout court. Quant à la fiction selon laquelle les logiciels orthographiques nous dispenseront bientôt d'apprendre l'orthographe… Soumettez le texte de la dictée de Mérimée à

Word, et le programme verra des fautes là où il n'y en a pas – et vous suggérera des corrections aberrantes.

Cela suppose une plus grande indépendance des établissements, des responsabilités accrues des principaux de collège et des proviseurs, et un recrutement des enseignants sur des postes à profil.

Cela ne suppose pas de faire appel à des professeurs des écoles pour donner des cours de soutien en sixième. J'ai du mal à imaginer comment des enseignants qui n'ont pas su former leurs élèves en cinq ans de primaire (sans compter la maternelle) seraient soudain compétents pour donner des cours de rattrapage en sixième. Si c'est pour leur faire découvrir par eux-mêmes les règles d'accord avec le COD et construire leurs propres savoirs, c'est inutile. Les résultats des derniers concours de recrutement, de l'aveu même de l'Inspection générale, sont inquiétants : si l'on veut monter le niveau des élèves, il faut nécessairement monter celui des maîtres. Et ce n'est pas en leur « apprenant à apprendre » qu'on y parviendra, mais en étant intransigeant sur les exigences disciplinaires.

La hausse du niveau général est corrélée à celle du niveau en compréhension de l'écrit et de l'oral. Il est urgent d'en revenir, dès le primaire, à des apprentissages intensifs, axés sur la répétition et le par cœur.

On a beaucoup parlé du « retour » de la dictée. Mais la dictée n'est qu'un exercice d'évaluation, et la « dictée préparée » ne sert rigoureusement à rien – comme si vous dictiez à une secrétaire un texte qu'elle a déjà tapé. C'est l'amont de la dictée qu'il faut renforcer :

grammaire, syntaxe et orthographe. De façon explicite et non constructiviste.

Rappel pour ceux qui n'étaient pas là dans les années 1980-1990 : le constructivisme, qui a enfanté la réforme Jospin, suppose que l'élève construise seul ses propres savoirs. Comme Blaise Pascal a retrouvé seul, à dix ans, les douze premiers principes d'Euclide. C'est à la portée de tout le monde, bien sûr. Sauf qu'on ne devine pas les règles d'accord du participe passé, ni le calcul de l'hypoténuse.

La maîtrise de la langue est une obligation préalable. On n'apprend une langue étrangère que si l'on maîtrise totalement sa langue maternelle. Invité il y a quatre ans à participer à un colloque à Casablanca, j'ai entendu les meilleurs experts, dont mon collègue et ami Alain Bentolila, expliquer que, dans un royaume qui a trois langues officielles, la condition *sine qua non* pour apprendre les deux autres, ou n'importe quelle autre, est de posséder à fond la sienne – que ce soit l'arabe, le français ou le tamazight.

C'est donc sur le français qu'il faut mettre le paquet, en France. Inutile d'apprendre l'anglais à six ans quand on ignore tout du français. En primaire, en théorie, 50 % du temps doit être consacré à la maîtrise de la langue ; pourquoi changer en sixième ?

D'où la nécessité d'alléger par ailleurs. L'initiation à l'écologie, à la diététique ou à quelque autre système à la mode doit passer largement derrière la maîtrise des matières fondamentales.

Quelle langue étudier ? Il faut repenser le rapport Rouchette, qui, à la fin des années 1960, a imposé le français parlé comme module à enseigner, et revenir à un enseignement des modèles littéraires – parce que le français est une langue essentiellement *écrite*. On apprend mieux à communiquer en étudiant « Le Corbeau et le Renard » qu'en discutaillant à l'infini en classe. Le dialogue, c'est bien ; le silence (studieux), c'est mieux.

Et il faut penser à ces élèves dont le français n'est pas essentiellement la langue maternelle, soit qu'ils viennent de familles d'origine extraterritoriale, soit qu'ils entendent à la maison un français très négligé. Jules Ferry défendait « les pères de famille qui font consciencieusement l'école à la maison ». Contrairement au ministre fondateur de l'école de la République, il faut désormais concevoir l'École comme une machine de guerre destinée à pallier les insuffisances criantes de l'éducation familiale – et compenser auprès des plus déshérités le surplus de connaissances et de formation que reçoivent 10 % de privilégiés. Les enfants d'enseignants, entre autres, sont surabondants dans les classes prépa, non parce qu'ils sont plus intelligents, mais parce qu'ils ont reçu les codes. Qu'ils ont été formatés pour l'École : travail, obéissance, effort.

Ce sont ces codes – linguistiques, culturels, idéologiques – qu'il faut instiller dans les cerveaux encore malléables des jeunes élèves de collège.

Il faut, enfin, qu'à la question que posent souvent les parents, « qu'as-tu appris à l'école aujourd'hui ? », chaque élève donne chaque jour une réponse claire et précise. Ce doit être l'ambition des maîtres, et l'exigence des parents.

Étant entendu que bien des savoirs enseignés en classe vont à l'encontre des certitudes récoltées à la maison. Les enseignants n'ont pas à « respecter » les croyances des uns et des autres, les fanatismes, les idées reçues, les traditions éculées. Ils doivent être des dynamiteurs. Comme dit le Christ dans l'Évangile de Matthieu : « Ne pensez pas que je sois venu apporter la paix sur la terre : je ne suis pas venu apporter la paix, mais le glaive. Oui, je suis venu séparer l'homme de son père, la fille de sa mère, la belle-fille de sa belle-mère : on aura pour ennemis les gens de sa propre maison. »

C'est en cela que Samuel Paty, en étudiant les caricatures qui ont valu à huit journalistes de *Charlie* d'être assassinés par des islamistes, faisait une œuvre d'enseignement bien réelle. Il est un martyr de la transmission sans fin des savoirs. Que son ancien collège ne porte toujours pas son nom, parce que des enseignants craignent des mesures de représailles, est un scandale absolu. Samuel Paty jouait le jeu d'une transmission laïque. Le renier, c'est accepter de rogner la laïcité.

En français – c'est la clé de tout le reste et même du futur, dans une société informatisée qui nous impose d'écrire et de lire bien davantage qu'il y a quarante ans –, il faut apprendre les règles élémentaires de la grammaire étudiée d'un point de vue normatif. En revenir au « bon usage » selon Vaugelas : « Le peuple n'est le maître que du mauvais usage, et le bon usage est le maître de notre langue. » Le bon usage est celui des meilleurs écrivains – pas celui de Virginie Despentes. Il faut fournir aux enseignants une liste précise et impérative de textes et d'auteurs à étudier. Sans possibilité d'en sortir.

Là encore, cela suppose une reformation des maîtres. Quand vous voyez que trois textes proposés aux enseignants de première pour l'EAF (épreuves anticipées de français) provoquent un tollé parce que nombre de profs de français, à l'exception des agrégés, ignorent presque tout de la littérature, jugez de ce que seront les protestations si l'on impose des auteurs précis au collège.

Quels textes ? Ma foi, pourquoi ne pas en revenir strictement à ce que fut longtemps l'usage : de l'Antiquité à la modernité, de la sixième à la troisième ? D'Homère à Maupassant. C'est ce qui a amené si longtemps l'étude du *Cid* en quatrième. Quel enseignant en collège sensible s'y risquerait aujourd'hui, sachant qu'il a dans sa classe un certain nombre de « Maures » ?

Et non « Le monstre, aux limites de l'humain », « Récits d'aventures », « Récits de création, création poétique », « Résister au plus fort : ruses, mensonges et masques »... Ce sont des œuvres qu'il faut étudier, plus que des thèmes où l'on fourre n'importe quoi – c'est-à-dire ce que proposent les éditeurs scolaires spécialisés. Pour avoir longtemps travaillé pour eux, je sais comment on fabrique des recueils de textes : ce n'est pas forcément leur qualité littéraire qui guide le choix, mais le souci que les enseignants les connaissent et les comprennent.

Que l'on ne s'imagine pas qu'il n'y a là que de simples retouches à apporter à la formation des maîtres. On a laissé les concours de recrutement se gonfler de notions de pédagogie stupides – surtout pour des candidats qui, par définition, n'ont jamais ou peu enseigné – au détriment des savoirs durs.

Prenons un exemple.

16

Quand les enseignants ne savent pas, les élèves sont en déshérence

Un professeur de français devrait savoir lire. C'est-à-dire être apte à comprendre ce que *dit* un texte. Car ce qui fait la beauté des textes est leur polysémie, la multiplicité simultanée des sens possibles.

Mais ce n'est pas toujours le cas.

Une mienne collègue rentra il y a peu dans la salle des profs, avec l'air animé de celle qui vient d'accomplir une noble tâche. Et, devant moi et quelques amis éberlués, elle raconta qu'elle venait d'expliquer un passage du *Candide* de Voltaire, où il est question du nègre de Surinam. Et qu'elle avait fait noter à sa classe de seconde ce mot de « nègre » – une horreur, fulminait-elle. « Voltaire était raciste. On devrait au moins remplacer le mot par un terme approprié – "homme de couleur", par exemple. Quelle attitude avoir vis-à-vis d'élèves africains ou antillais, quand le texte que l'on étudie comporte ce mot affreux ? »

Elle avoua ensuite, pour bien fustiger le XVIIIe siècle tout entier, avoir soumis en parallèle à la sagacité d'adolescents semi-incultes chauffés à blanc par la pensée *woke* le passage fameux de *L'Esprit des lois* où Montesquieu parle, lui aussi, « de l'esclavage des nègres ». Je le cite pour rafraîchir la mémoire du lecteur :

« Si j'avais à soutenir le droit que nous avons eu de rendre les nègres esclaves, voici ce que je dirais :

Les peuples d'Europe ayant exterminé ceux de l'Amérique, ils ont dû mettre en esclavage ceux de l'Afrique, pour s'en servir à défricher tant de terres.

Le sucre serait trop cher, si l'on ne faisait travailler la plante qui le produit par des esclaves.

Ceux dont il s'agit sont noirs depuis les pieds jusqu'à la tête ; et ils ont le nez si écrasé, qu'il est presque impossible de les plaindre.

On ne peut se mettre dans l'esprit que Dieu, qui est un être très sage, ait mis une âme, surtout une âme bonne, dans un corps tout noir.

Il est si naturel de penser que c'est la couleur qui constitue l'essence de l'humanité, que les peuples d'Asie, qui font des eunuques, privent toujours les noirs du rapport qu'ils ont avec nous d'une manière plus marquée.

On peut juger de la couleur de la peau par celle des cheveux, qui chez les Égyptiens, les meilleurs philosophes du monde, était d'une si grande conséquence, qu'ils faisaient mourir tous les hommes roux qui leur tombaient entre les mains.

Une preuve que les nègres n'ont pas le sens commun, c'est qu'ils font plus de cas d'un collier de verre que de l'or, qui chez des nations policées, est d'une si grande conséquence.

Il est impossible que nous supposions que ces gens-là soient des hommes, parce que, si nous les supposions des hommes, on commencerait à croire que nous ne sommes pas nous-mêmes chrétiens.

Des petits esprits exagèrent trop l'injustice que l'on fait aux Africains : car, si elle était telle qu'ils le disent, ne serait-il pas venu dans la tête des princes d'Europe, qui font entre eux tant de conventions inutiles, d'en faire une générale en faveur de la miséricorde et de la pitié ? »

Aucune ambiguïté possible sur les intentions de l'auteur. Pourtant, elle avait fait relever par ses élèves tous les traits qui leur paraissaient racistes. Sans leur faire remarquer – mais elle ne l'avait pas remarqué elle-même – que le système hypothétique de la première phrase (« si… ») était un signe « moins » posé avant une parenthèse, qui inversait tout ce qui était dit par la suite. Que d'une magnifique diatribe contre l'esclavage, à une époque qui le pratiquait sans arrière-pensées, l'auteur de *L'Esprit des lois* faisait un raisonnement serré en faveur de l'abolition. Et que Voltaire en faisait autant – sans doute avait-il lu Montesquieu, lui, sans contresens.

Nous tentâmes de lui faire comprendre son contresens. Elle ne voulut pas en démordre – et monta en gamme, si je puis dire, expliquant que c'était là un trait caractéristique de la pensée masculiniste ; et blanche, de surcroît.

Que ce soient des Blancs qui aient aboli l'esclavage, sous la Révolution puis en 1848, ne l'effleurait guère. Que des hommes – voir Laclos – soient capables de discours féministes bien plus puissants et convaincants que bien des femmes contemporaines ne la concernait pas. Son regard était vicié a priori par les vitupérations contemporaines des Chiennes de garde d'un côté et du Cran de l'autre.

Quant à la proposition de réécrire Voltaire et Montesquieu, elle est malheureusement trop crédible à une époque où l'on censure les *Dix Petits Nègres* d'Agatha Christie – entre autres.

Le ministère a imposé des programmes en première. Ce n'est pas une révolution, il l'avait déjà fait au début des années 1990, sous Bayrou, en mettant au programme de français les œuvres de celui de l'agrégation interne. Excellente idée, puisque les enseignants, tout en travaillant les textes pour leurs élèves, révisaient le concours qu'ils étaient susceptibles de passer.

Dorénavant, les œuvres proposées à l'examen sont renouvelées par quart chaque année – le temps, a jugé l'Inspection générale, que les profs se mettent au courant : je me suis aperçu cette année, par exemple, que Marivaux n'était pas bien connu, et que Colette – immense écrivain s'il en fut – était tout à fait oubliée. Que voulez-vous, Colette était une vraie féministe, elle, pas une chienne de garde se dressant la bave aux lèvres pour revendiquer des droits qu'elles ont déjà. Bérénice Levet a bien tenté[1] de régler leur compte aux harpies du féminisme outrancier. Mais l'hydre renaît sans cesse – y compris dans des milieux comme l'enseignement, où les femmes représentent, en lettres ou en langues, 90 % des

1. Bérénice Levet, *Libérons-nous du féminisme ! Nation française, galante et libertine, ne te renie pas !*, Éditions de l'Observatoire, 2018.

enseignants. Ce sont les hommes qui devraient bénéficier de quotas !

L'Éducation nationale repose sur un mythe, qui s'entretient dans les salles des profs : nous serions tous égaux, tous capables, tous méritants.

C'est une fiction. Comme dans toutes les professions, il y a des cadors (peu nombreux, ce sont ceux dont nous nous souvenons, des années plus tard), des brêles (un certain nombre, dommage pour vos enfants quand ils tombent sur ces sous-profs), et une majorité de gens qui s'efforcent de faire correctement leur métier, avec plus ou moins de bonheur. Que les uns et les autres soient payés de la même manière, soient nommés indifféremment dans les établissements, et que des cancres diplômés passent devant de vrais spécialistes sous prétexte qu'ils ont leur quota de progéniture et d'ancienneté, tout cela est un objet de scandale qu'un ministère compétent (oxymore ?) devrait dissiper.

Quant aux pseudo-enseignants qui croient que Montesquieu et Voltaire sont des racistes, ils n'ont pas leur place au lycée. Je sais bien qu'il y a carence de vocations, mais il est d'extrême urgence d'imposer à ces malfaisants une remise à niveau – ou de leur désigner, d'autorité, la porte de sortie.

Le ministère en est à envisager de recruter sans concours. Croyez bien que ces enseignants de second choix n'enseigneront pas dans les établissements où sont scolarisés les enfants des ministres, des chefs d'entreprise, des journalistes, des bobos de toutes farines, et des enseignants de haut niveau, tous ceux qui croient avoir le droit d'installer leur progéniture à leur place, quand ils passeront la main et l'arme à gauche. À terme, le concours de professeur des écoles sera remplacé par un simple oral où, en dix minutes, on jugera des capacités du postulant : c'est ce que l'on a fait déjà massivement à la rentrée 2022. Dix minutes, c'est dix de moins que le temps que l'on passe à recruter un employé de McDonald's. Mais, après tout, ne s'agit-il pas d'embaucher des profs de *fast learning*, comme on a des *fast-foods* ? En fait, ce sont davantage des surveillants que l'on embauche, des gens que l'on charge de maintenir la fiction d'une école. De faire en fait du gardiennage, en attendant qu'Uber Eats embauche les crétins ainsi formés pour pédaler en apportant des pizzas triple fromage et des hamburgers spongieux chez d'autres malheureux.

Pendant ce temps, les agrégés enseigneront dans les établissements d'élite où sont parqués les enfants de l'élite – mettez les guillemets où vous voulez. Non que je pense que tous les agrégés sont de bons profs, il en est d'exécrables. Mais ils ont au moins passé un concours exigeant qui fait faire à ceux qui le préparent un saut qualitatif, en les remplissant de connaissances un peu pointues. S'il ne subsiste qu'un concours, ce sera celui-là, parce que les décideurs de la rue de Grenelle et d'ailleurs veulent des gens compétents pour enseigner à leurs enfants. Le Capes disparaîtra à terme : il a déjà été dégradé par des mutations internes sidérantes, où la nécessité de savoir a peu à peu été remplacée par des exigences de conformisme pédagogique. Les cas ne sont pas rares de candidats qui avaient de très belles notes dans leur spécialité et qui furent éliminés par des oukases incompréhensibles des pédagos qui ont mis la main sur le principal concours de recrutement du secondaire. Tu seras conforme ou tu ne seras pas, clament-ils. Eh bien, ce sont ces candidats élus par ces incapables que vos enfants, dans les collèges lambda où vous les envoyez, subissent toute l'année, et toute leur scolarité.

Ne croyez pas un instant que les enseignants du privé soient meilleurs : pour des raisons économiques, ils sont recrutés au plus bas de l'échelle salariale. Et, en fait, il n'y a pas plus de bons établissements privés que de remarquables établissements publics. Payer ne vous assure en rien de la qualité des maîtres. Certes, en général, le privé respecte mieux les formes que le public, la tolérance aux débordements y est moindre, les impératifs vestimentaires plus respectueux, la politesse – lever le doigt avant de s'exprimer – y est en général respectée. Mais, pour le reste…

17

Speed dating rue de Grenelle

Septembre 2022. Pénurie d'enseignants, dit le ministère. Le tout n'est pas de savoir s'il y aura ou non un adulte devant chaque classe, l'essentiel est de savoir si cet adulte a les connaissances de base, et sait enseigner. Mais tout le monde s'en fiche.

Faisons-la courte : personne n'envisage de recruter en « *job dating* » des pilotes d'avion, des chirurgiens ou des plombiers compétents. Et je ne suis pas sûr que, malgré le matraquage gouvernemental, que les médias hésitent à relayer sans critique, les Français envisagent sereinement de confier leur progéniture à des enseignants recrutés sur la base d'une licence de n'importe quoi passée des années auparavant, après quatre jours de formation pédagogique dispensée dans les Inspe, dont on sait combien ils sont performants : et le seraient-ils, c'est une mission impossible qu'on leur confie là.

On appuie sur le quantitatif, parce qu'il est devenu impossible d'expliquer que, qualitativement parlant, l'enseignement a plongé dans les abysses.

« Quant à l'idée que le quantitatif est du qualitatif, elle est désormais partagée par tous les syndicats. Ils savent bien, pourtant, que les nouveaux enseignants auront été formés à la va-vite, ne maîtriseront que rarement les savoirs fondamentaux de leur discipline, et arriveront de cursus – sociologie ou psycho – qui n'ont pas grand-chose à voir avec les exigences scolaires. » Ainsi m'exprimé-je dans mon dernier opus, second volet de *La Fabrique du crétin*. Mais qui se soucie de ce que peut dire Cassandre ? Le système a construit l'École dont il avait besoin : une masse de semi-illettrés, auxquels on fait croire qu'ils comptent en respectant leur différence et en leur inventant des pédagogies ludiques, ce qui dispense de leur apprendre la langue française des bourgeois, la grammaire des bourgeois, la culture des bourgeois ; et une petite élite, élevée dans des établissements d'élite, ou qui en ont la réputation ou la prétention ; au besoin, l'entre-soi de l'École alsacienne, où le ministre a inscrit ses enfants (et en cela il montre clairement l'exemple : Pap Ndiaye, c'est « faites ce que je vous dis, ne faites pas ce que je fais »), remplace le haut niveau de Louis-le-Grand, de Lakanal, à Sceaux – où ce même ministre a fait ses études – ou de Henri-IV, qu'il a fréquenté en classe prépa.

Quant aux parents qui ne sont pas informés et ignorent que leur collège de quartier a un niveau d'exigence très relatif, qui s'en soucie ? Les gueux apprendront à consommer leurs pizzas surgelées devant leur télévision, c'est bien assez.

Il ne viendrait à l'idée de personne de prétendre former des médecins en quatre jours, au lieu de dix ans. Ou de confier sa vie à des pilotes recrutés sur leur bonne volonté

– et sous-payés, de surcroît. La compétence a un prix, qui résulte de la formation et du salaire. L'incompétence a le sien : formation ultra-courte et salaire indécent. « Plus aucun enseignant ne gagnera moins de 2 000 euros par mois en commençant à l'horizon septembre 2023 », promet le ministre. Et ta sœur, elle rase gratis ? Un enseignant débutant en 1980 gagnait 2,2 fois le Smic. Aujourd'hui, 1,2 fois. Accepteriez-vous une baisse aussi nette de votre rémunération ? Accepteriez-vous, si vous aviez de réelles compétences, d'être recruté en dessous de votre valeur ? Non, bien sûr. C'est donc que les contractuels que l'on embauche ces jours-ci à tour de bras sont effectivement payés (et traités) à leur vraie valeur.

C'est la clé des polémiques (bien inutiles) actuelles. Depuis quarante ans, comme on sait, le niveau monte – et celui des profs aussi. Étape suivante : on les recrute en *job dating*, ce qui est à peu près aussi fiable que le *speed dating* pour trouver l'âme sœur. C'est l'ubérisation de la profession.

C'est dans *L'Opinion* que j'ai trouvé l'analyse la plus pertinente, qui pose le problème de fond[1]. « Le modèle de "l'enseignant à vie" ne fait plus recette. Une désaffection pour la profession synonyme d'ubérisation ? » feint de se demander Marie-Amélie Lombard-Latune. Chaque année nous verrons les mêmes recrutements de dernière minute, les mêmes bras cassés mis en face d'élèves effarés. La polémique de cette fin d'été est un marronnier en devenir.

1. Marie-Amélie Lombard-Latune, « Ces profs contractuels qui sont peut-être l'avenir de l'Éducation nationale », *L'Opinion*, 29 août 2022.

Mais, rassurez-vous, les établissements d'élite, privés ou publics, ont de bons maîtres. Comme ils sont tout en haut de la hiérarchie, ils ne sont accessibles qu'à des maîtres chevronnés. Pas à des débutants inexpérimentés.

Que les syndicats persistent à réclamer « des postes » sur l'air des lampions témoigne de leur incompréhension (volontaire ou non) devant la dégradation du système. Ou, plutôt, devant le changement de paradigme du système, qui ne vise plus du tout, comme sous les IIIe et IVe Républiques, à amener chaque élève au plus haut de ses capacités, mais à perpétuer l'oligarchie au pouvoir.

Mais je ne doute pas que les syndicalistes, les pédagogues, et l'ensemble des enseignants, très au fait de ce qui se passe, n'intriguent pour inscrire leurs enfants dans des établissements d'excellence. Les résistances opposées à Paris au nouvel Affelnet, qui vise à rétablir plus de mixité sociale dans les lycées de la capitale, témoignent du choc que la mise en place de la réforme fait subir aux positions bien établies de l'establishment.

Nous n'amenderons pas le système, parce qu'il faut changer de système. Le libéralisme s'est construit l'École qui lui convient, qui fabrique des consommateurs à obsolescence programmée, pour des produits du même type. Comme disait Laclos, deux ans après avoir écrit *Les Liaisons dangereuses* : « Apprenez qu'on ne sort de l'esclavage que par une grande révolution. » C'était en 1784. Cinq ans plus tard…

18

Le casse-tête du recrutement de nouveaux enseignants

Nous manquons déjà d'enseignants, nous allons en manquer bien davantage. Et ça ne s'arrangera pas de sitôt, à moins de renverser la table. Malgré les mirifiques hausses de salaire promises, et la perspective d'exercer un métier de fainéant tout rempli de vacances, et en dépit de la grande mansuétude programmée des examinateurs, le ministère de l'Éducation peine cette année encore à trouver, dans maintes spécialités, plus de candidats que de postes à pourvoir. Quelle malédiction s'exerce ainsi sur le recrutement futur des maîtres ?

En fait, même si le ministère leur promettait la lune – un salaire de départ supérieur à 2 000 euros après six ans d'études, et une première nomination à côté de chez eux –, la situation n'aurait que peu de chances de s'améliorer. Il en est des enseignants comme des médecins (on sait que les déserts médicaux s'accroissent chaque année) : c'est moins un hypothétique *numerus clausus* qui est en cause que l'épuisement du vivier. Le problème est avant tout démographique.

Un regard sur les modifications démographiques depuis la dernière guerre[1] permet de saisir la situation – et les réalités antérieures. Les *boomers* ont fourni le gros des troupes, dans l'enseignement comme dans d'autres corps, à partir des années 1970, quand ils sont arrivés en âge de travailler et d'enseigner. En ces années 2020, la plupart d'entre eux sont désormais à la retraite – même moi, qui ai cotisé quarante-neuf ans, fait cours pendant quarante-cinq ans et suis parti, contraint et forcé, à soixante-sept ans accomplis. Remplacer poste pour poste ces départs massifs est parfaitement impossible, et les revendications syndicales sur le dédoublement des classes sont une plaisanterie douloureuse : aux myriades d'enfants des années 1950-1960 ont succédé des classes creuses (1970-2000) qui, arrivées à l'âge adulte, ne fournissent pas assez de candidats pour se substituer à leurs aînés. Et ce, alors qu'un nouveau baby-boom, autour des années 2000, a notoirement augmenté le nombre d'élèves.

Ou, si vous préférez : pour dix profs qui partent, cinq tout au plus se présentent. Et il ne saurait y en avoir davantage, sauf à inciter les quinquagénaires à entrer sur le tard dans une profession peu lucrative (et à l'âge mûr on n'a pas la même perception du lucratif qu'à vingt ans, où 2 000 euros sont encore une somme), mal considérée et démesurément pénible, voire dangereuse. Qui risquerait une décapitation pour 2 000 euros par mois ? Ou même une agression d'un parent courroucé parce qu'on ne reconnaît pas le génie intrinsèque de Mon

1. https://upload.wikimedia.org/wikipedia/commons/1/1b/France_demographics_transition_1946-2020.gif

chéri-Mon cœur – ou simplement qu'on lui a confisqué son portable ?

Nous nous retrouvons donc aujourd'hui avec une masse d'élèves – ce qui génère de la part du ministère une offre assez copieuse de postes, d'autant qu'il faut mécaniquement remplacer les retraités – auxquels le faible nombre d'adultes quasi trentenaires ne peut fournir d'enseignants ni de docteurs : voir la grande misère de la médecine scolaire, sans parler des carences atroces de personnels spécialisés pour les élèves handicapés, balancés de ce fait parmi des camarades qui ne sont pas forcément sympas, face à des maîtres qui ne sont pas formés pour les suivre.

Auditionné le jeudi 26 janvier 2023 par la délégation à la prospective du Sénat, Jacques Attali, auteur d'*Histoires et avenirs de l'éducation*[1], est revenu sur deux tendances négatives pour l'éducation : une « dictature de l'ignorance », liée à une démographie croissante – trop de jeunes à la cervelle vide et aux certitudes létales –, et une « barbarie technologique », liée au temps passé sur les jeux vidéo (de moins en moins) et les réseaux sociaux (de plus en plus[2]).

La confrontation d'enseignants mal formés, recrutés à la va-vite (le ministère est en train d'explorer la piste de la titularisation de personnels sans concours), et de jeunes crétins qui croient tout ce qu'ils trouvent sur TikTok et

1. Flammarion, 2022.
2. Jacques Attali, « La démographie croissante va entraîner une dictature de l'ignorance » (www.youtube.com/watch?v=ALkF7ejTEP8).

sont persuadés qu'« influenceur » est une situation d'avenir n'a aucune chance de bien se terminer.

C'est l'éternelle histoire du quantitatif et du qualitatif. Autrefois, la qualité du maître contrebalançait sans peine l'ignorance des masses qu'on lui confiait. Aujourd'hui, le rapport s'est tellement détérioré que les foules adolescentes ignares l'emportent aisément sur des maîtres trop peu nombreux et très mal formés. Ajoutez à cela que la loi Jospin (1989) a donné aux jeunes hilotes le pouvoir de s'exprimer à leur gré, et que certains inspecteurs s'inquiètent lorsque la salle de classe n'est pas animée d'un brouhaha permanent, signe, paraît-il, d'une effervescence intellectuelle… Et ceux qui croient qu'embaucher plus d'adultes permettra de réduire les tensions sont victimes d'une très dangereuse illusion. La seule chose qui peut contrarier les certitudes glauques des petits barbares, c'est la *qualité* des maîtres. Bien plus que leur nombre.

Or les consignes pédagogiques prodiguées par les IUFM/Espe/Inspe (seule l'étiquette change, le contenu est toujours imbuvable), additionnées aux manques flagrants de maîtrise académique des néoprofs, plus le manque chronique de maîtres, incitent l'administration à recruter plus bas, toujours plus bas, ne permettant guère de se montrer optimiste.

Et, pour reprendre le diagnostic de Jacques Attali, ce déséquilibre entre la masse des jeunes et le déficit des adultes entraîne une montée de la barbarie intellectuelle. Sans encadrement sérieux, les jeunes penchent fatalement vers le côté obscur de l'ignorance, là où les certitudes les plus glauques, les fanatismes les plus dangereux s'expriment à l'air libre, puisque aucun savoir réel ne vient les contrebalancer.

Des solutions existent pourtant.

1) Il faut régionaliser l'Éducation nationale, afin que les décideurs soient au plus près des besoins. Cessons de penser en uniformisation jacobine. Réorientons les moyens localement en fonction des besoins. Si une classe, un collège ont besoin de six heures de français au lieu de quatre, il faut pouvoir sortir du carcan du « collège unique » et donner plus à ceux qui savent moins. Quitte à sacrifier momentanément telle ou telle discipline secondaire. Enseigner l'anglais en primaire à des enfants qui ne maîtrisent pas le français est absurde, nous l'avons vu. Organiser des « sorties scolaires » qui neutralisent au minimum une demi-journée de classe alors que les bases des maths ne sont pas maîtrisées est absurde : on ne va pas herboriser tant qu'on n'est pas à même de lire en profondeur *Les Rêveries du promeneur solitaire*...

2) Les augmentations de salaire doivent être plus conséquentes. Lorsque le nombre de candidats est plus restreint, il faut attirer de nouvelles vocations. Et on ne les attirera pas avec du vinaigre. Par ailleurs, il faut trouver un mode de rémunération annexe en fonction du mérite – non pas le mérite d'inventer des pédagogies actives et autres merveilles pédagogiques, mais d'amener chaque élève au plus haut de ses capacités.

3) Il faut supprimer tout ce qui est aujourd'hui dissuasif. En régionalisant le recrutement – ce qui est déjà le cas pour les professeurs des écoles –, on promettrait une première nomination dans un rayon raisonnable. Pas à Pétaouchnok, localité bien connue de Seine-Saint-Denis. Ni à Trifouillis-les-Oies, village attenant aux quartiers nord de Marseille et de Villeurbanne à la fois.

4) Il faut reprendre en main la formation, en recréant les anciennes écoles normales d'un côté – où l'on enseignait les disciplines, et non je ne sais quelle didactique de la sodomisation des coléoptères. On ne fait pas cours avec de la bienveillance et de l'écoute (en tout cas, pas seulement), mais avec des savoirs dispensés par des maîtres qui les maîtrisent à des élèves qui les ignorent.

5) Et, pour le second degré, en dehors de l'agrégation, qui vu sa difficulté confère à ceux qui la passent un saut qualitatif et doit être conservée telle quelle (en nommant enfin prioritairement les agrégés en lycées, et non plus dans des collèges « Prévention violence » ou « Ambition réussite », deux appellations contrôlées visant à tromper les parents sur les contenus déplorables de l'enseignement que l'on y dispense), il faut ressusciter cette bourse autrefois appelée Ipes, obtenue sur concours à bac + 1, et octroyée en échange d'un contrat décennal.

6) Enfin, il faut d'urgence remettre à niveau les enseignants sortis des concours depuis dix ans. Lesdits concours ont tellement abandonné les savoirs au profit de compétences pédagogiques farfelues qu'ils n'ont plus, la routine aidant, que des bribes des savoirs effectivement requis. L'introduction d'une question de grammaire au bac de français fin première a permis de mesurer l'ampleur des gouffres conceptuels de certains. Là encore, seuls les agrégés de lettres demeurent formés à manipuler des concepts grammaticaux solides.

J'ajoute qu'il me semblerait normal que l'on interdise à des élèves (par exemple aux ex-élèves de classes préparatoires, ceux qui sont les plus coûteux dans le système français – entre le double et le triple de ce que coûte un étudiant d'université) formés en France d'aller exercer leurs talents, dans les dix ans qui suivent leur sortie du système qui les a biberonnés, dans un autre pays que le nôtre. À moins de racheter les dépenses occasionnées par leur formation.

Peut-être le lecteur me jugera-t-il trop coercitif. Mais on n'a pas le beurre et l'argent du beurre sans pressurer un peu la crémière.

19

Pour de nouveaux enseignants

« Le niveau non pas des élèves mais des enseignants est en train de baisser cruellement. » Non, cette phrase n'est pas tirée d'une déclaration à l'emporte-pièce de votre polémiste favori : c'est Pierre Arditi, indéfectible soutien de la gauche depuis toujours, qui l'a lancée sur Europe 1, répondant à une question de Sonia Mabrouk. Tiens ! Les certitudes de la gauche bobo-caviar s'effriteraient-elles ? « Les enseignants, c'est capital, c'est eux qui vont faire les femmes et les hommes de demain », rappelle encore Arditi. Et d'évoquer ce prof qui jadis l'initia à la littérature en général et à Stendhal en particulier. Alors, Pierre, tu es de gauche et tu trouves que c'était mieux avant ? Ttt-ttt…

Ce n'est pas là un énième épisode de « prof bashing », comme on dit chez les pédagos syndicalistes en bon français. C'est la réalité qui, chassée par la porte durant trente années de pédagogisme aigu, d'idéologie contre-productive et de bonnes intentions délétères, revient par la fenêtre. Oui, le niveau des élèves, dont toutes les études prouvent qu'il ne cesse de sombrer dans les abysses, est dépendant du niveau des enseignants. Quand ces derniers ont été conditionnés dans des IUFM/Espe/Inspe (barrez les sigles anciens en fonction de votre entrée dans le métier après une année d'intoxication pédagogique) où on leur a appris la « didactique » – apprendre à apprendre, tarte à la crème des mauvais profs – et non des savoirs réels, on ne peut attendre qu'ils enseignent à leurs élèves autre chose que leur propre ignorance. Et, plus le niveau d'une classe est bas, plus il baisse. On fabrique des crétins, on parle pour eux, et on finit par s'aligner sur le niveau des plus faibles. Carton plein.

J'ai tenté d'expliquer cela à Pascal Praud, sur CNews, au cours d'une émission matinale quelque peu saucissonnée par l'actualité, les pubs et les impératifs d'emploi du temps de tel ou tel intervenant. Le temps télévisuel est une expérience permanente de la frustration. On n'a pas le temps d'expliquer vraiment, pas le temps de parler de cet indicateur sûr que fut le tout récent concours des professeurs des écoles.

On se rappelle que le ministère, faute de candidats en nombre suffisant pour que ce concours en soit encore un, avait exceptionnellement rallongé de quelques semaines la date d'inscription – du jamais-vu. Le sujet proposé en français au concours de professeur des écoles était bien choisi, avec un texte d'une cinquantaine de vers de Victor Hugo – un poème très simple, de la prose familière mise en alexandrins, tiré de *L'Art d'être grand-père* et s'adressant fictivement aux deux petits-enfants, Georges et Jeanne, dont la mort soudaine de son fils Charles lui avait valu la garde. Voici le texte complet proposé, et les questions afférentes, auxquelles un petit niveau de certificat d'études des années 1960 permettait de répondre :

Après la mort de son épouse puis de l'un de ses fils, Victor Hugo prend en charge l'éducation de ses deux petits-enfants, Georges et Jeanne.

Moi qu'un petit enfant rend tout à fait stupide,
J'en ai deux ; George et Jeanne ; et je prends l'un pour
[guide
Et l'autre pour lumière, et j'accours à leur voix,
Vu que George a deux ans et que Jeanne a dix mois.
Leurs essais d'exister sont divinement gauches ;
On croit, dans leur parole où tremblent des ébauches,
Voir un reste de ciel qui se dissipe et fuit ;
Et moi qui suis le soir, et moi qui suis la nuit,
Moi dont le destin pâle et froid se décolore,
J'ai l'attendrissement de dire : Ils sont l'aurore.
Leur dialogue obscur m'ouvre des horizons ;
Ils s'entendent entr'eux, se donnent leurs raisons.
Jugez comme cela disperse mes pensées.
En moi, désirs, projets, les choses insensées,
Les choses sages, tout, à leur tendre lueur,
Tombe, et je ne suis plus qu'un bonhomme rêveur.
Je ne sens plus la trouble et secrète secousse
Du mal qui nous attire et du sort qui nous pousse.
Les enfants chancelants sont nos meilleurs appuis.
Je les regarde, et puis je les écoute, et puis
Je suis bon, et mon cœur s'apaise en leur présence ;
J'accepte les conseils sacrés de l'innocence,
Je fus toute ma vie ainsi ; je n'ai jamais
Rien connu, dans les deuils comme sur les sommets,

De plus doux que l'oubli qui nous envahit l'âme
Devant les êtres purs d'où monte une humble flamme ;
Je contemple, en nos temps souvent noirs et ternis,
Ce point du jour qui sort des berceaux et des nids.

Le soir je vais les voir dormir. Sur leurs fronts calmes,
Je distingue ébloui l'ombre que font les palmes
Et comme une clarté d'étoile à son lever,
Et je me dis : À quoi peuvent-ils donc rêver ?
Georges songe aux gâteaux, aux beaux jouets étranges,
Au chien, au coq, au chat ; et Jeanne pense aux anges.
Puis, au réveil, leurs yeux s'ouvrent, pleins de rayons.

Ils arrivent, hélas ! à l'heure où nous fuyons.

Ils jasent. Parlent-ils ? Oui, comme la fleur parle
À la source des bois ; comme leur père Charle,
Enfant, parlait jadis à leur tante Dédé ;
Comme je vous parlais, de soleil inondé,
Ô mes frères, au temps où mon père, jeune homme,
Nous regardait jouer dans la caserne, à Rome,
À cheval sur sa grande épée, et tout petits.
Jeanne qui dans les yeux a le myosotis,
Et qui, pour saisir l'ombre entr'ouvrant ses doigts frêles,
N'a presque pas de bras ayant encor des ailes,
Jeanne harangue, avec des chants où flotte un mot,
Georges beau comme un dieu qui serait un marmot.
[…]
Ces mots mystérieux que Jeanne dit à George,
C'est l'idylle du cygne avec le rouge-gorge,
Ce sont les questions que les abeilles font,
Et que le lys naïf pose au moineau profond ;

C'est ce dessous divin de la vaste harmonie,
Le chuchotement, l'ombre ineffable et bénie
Jasant, balbutiant des bruits de vision,
Et peut-être donnant une explication ;
Car les petits enfants étaient hier encore
Dans le ciel, et savaient ce que la terre ignore.
Ô Jeanne ! Georges ! voix dont j'ai le cœur saisi !
Si les astres chantaient, ils bégaieraient ainsi.
Leur front tourné vers nous nous éclaire et nous dore.
Oh ! d'où venez-vous donc, inconnus qu'on adore ?
Jeanne a l'air étonné ; Georges a les yeux hardis.
Ils trébuchent, encore ivres du paradis.

Victor Hugo, « Georges et Jeanne »,
L'Art d'être grand-père, 1877

I. Étude de la langue (7 points)

1. Justifiez la terminaison des mots soulignés dans les extraits suivants :

— *Jugez comme cela disperse mes pensées.* (v. 13)
— *En moi, désirs, projets, les choses insensées*… (v. 14)
— *Et je me dis : À quoi peuvent-ils donc rêver ?* (v. 32)
— *Devant les êtres purs d'où monte une humble flamme ;* (v. 26)

2.

a) Relevez les pronoms employés dans les extraits suivants et indiquez leur fonction grammaticale.

b) Précisez ce qu'ils désignent en vous appuyant sur ces extraits et sur le texte.

Jugez comme cela disperse mes pensées. (v. 13)
Je distingue ébloui l'ombre que font les palmes (v. 30)

3. Délimitez les propositions et indiquez comment elles sont reliées.

Leur dialogue obscur m'ouvre des horizons
Ils s'entendent entr'eux, se donnent leurs raisons ; (v. 11-12)
Je les regarde, et puis je les écoute, et puis
Je suis bon, et mon cœur s'apaise en leur présence ; (v. 20-21)
Je contemple, en nos temps souvent noirs et ternis,
Ce point du jour qui sort des berceaux et des nids. (v. 27-28)

4. Indiquez le temps et le mode de chacun des verbes suivants et commentez leur emploi.

Je fus toute ma vie ainsi ; je n'ai jamais
Rien connu, dans les deuils comme sur les sommets,
De plus doux que l'oubli qui nous envahit l'âmes
Devant les êtres purs d'où monte une humble flamme ; (v. 23-26)
Si les astres chantaient, ils bégaieraient ainsi. (v. 60)

5. Remplacez les formes soulignées par des propositions subordonnées, sans vous préoccuper de la longueur du vers :

Les enfants chancelants sont nos meilleurs appuis. (v. 19)
Jeanne qui dans les yeux a le myosotis,
Et qui, pour saisir l'ombre entr'ouvrant des doigts frêles,
N'a presque pas de bras ayant encore des ailes… (v. 44-46)

6.

a) Quel est l'usage du double point dans le vers : *Et je me dis : à quoi peuvent-ils donc rêver ?* (v. 32)

b) Réécrivez ce vers en supprimant le double point et en faisant les modifications nécessaires sans vous préoccuper de la longueur du vers.

II. Lexique et compréhension lexicale (4 points)

1. Analysez la formation de l'adjectif « insensées ». (v. 14)

2. Expliquez en contexte le sens du mot « chancelants » : *Les enfants chancelants sont nos meilleurs appuis.* (v. 19)

3. Le mot *enfant* vient du latin *infans*, « qui ne parle pas ». Comment le lexique employé dans le poème confirme-t-il et invalide-t-il tout à la fois le sens donné par l'étymologie de ce mot ?

III. Réflexion et développement (9 points)

Après avoir mis en lumière la nature de la relation intergénérationnelle dans ce poème, vous vous interrogerez sur les liens que peuvent entretenir les personnes âgées et les enfants.

Votre réflexion, structurée et argumentée, s'appuiera sur le poème de Victor Hugo ainsi que sur l'ensemble de vos connaissances et de vos lectures.

Caroline Beyer, dans *Le Figaro* du 15 décembre 2022, s'étonnait : « [Les candidats] devaient notamment expliquer le mot “chancelants”, qualifiant les petits-enfants du poète qui, âgés de moins de deux ans, vacillent encore sur leurs jambes. “Ce terme a donné lieu à bon nombre d'interprétations fantaisistes”, euphémise le jury de l'académie d'Amiens, avant de livrer un petit florilège. “Qui chante bien, chanceux, qui fait de la magie, pas sage, qui génère de la lumière.” Certains ont même tenté d'expliquer que le mot relevait de la famille de “chancelier”. »

Quant à l'épreuve de syntaxe proprement dite… « Dans les vers “Jugez comme cela disperse mes pensées” et “Je distingue ébloui l'ombre que font les palmes”, les candidats devaient par exemple identifier trois pronoms. Si “je” l'a été aisément, “cela” et “que” n'ont pas souvent été repérés. Par ailleurs, de nombreux candidats ont analysé le “l'” comme pronom, indique une académie. » Cela compense ceux qui – cela m'est arrivé en hypokhâgne, la crème de la crème – croient que dans « Je les plante », « les » est un article, et non un pronom, et écrivent bravement « Je les plantes » – vertes, sans doute, les plantes…

Aussi, quelle idée de tendre des pièges… « Que » n'est-il pas toujours une conjonction ? Comment dites-vous ? « Pronom relatif » ? Euh… mais encore ?

Demandez à un élève de seconde ou de première s'il a un jour étudié les pronoms relatifs. Et, si ça n'a pas été fait avant – et il faudrait, comme autrefois, le faire en primaire –, il n'y a aucune chance que ce soit fait après, les profs de fac campant sur une dignité qui ne les autorise pas à condescendre à expliquer l'orthographe et la grammaire.

Ce sont là sans doute des valeurs bourgeoises – comme l'orthographe, aux dires des pédagogistes. Éric Naulleau chez Pascal Praud, dans l'émission susmentionnée, soulignait la réprobation qui depuis trente ans frappe le « par cœur », ce qui explique que les enfants (et les ex-enfants) ne sachent ni la grammaire ni les tables de multiplication. Ni la chronologie historique, ni rien. Français, maths et histoire-géographie sont les trois grands oubliés des programmes imposés sous l'ineffable Vallaud-Belkacem. Sans doute s'était-elle considérée comme le modèle de savoir… Et je regrette fort que Jean-Michel Blanquer, qui avait pourtant nommé à la tête du Conseil supérieur des programmes une femme remarquable, Souâd Ayada (que Pap Ndiaye s'est dépêché d'appeler à d'autres fonctions, comme on dit, et a nommé à la tête de l'Institut d'islamologie, dans l'espérance qu'elle contrariera, laïque qu'elle est, l'entrisme des islamistes), n'ait pas trouvé en cinq ans le temps de réformer à son tour des programmes délétères.

Il est vrai que les tentatives de Blanquer pour imposer, par exemple à Paris, une méthode alphasyllabique d'apprentissage de la lecture ont été taxées par le Snuipp, syndicat archi-dominant du primaire, de « caporalisme ». Ce même syndicat, commentant à son tour les résultats cocasses et catastrophiques du récent concours de professeur des écoles, a jugé indigne « ce recentrage sur le français et les maths et l'absence d'épreuves professionnalisantes ».

Parce qu'il faut dire toute la vérité : on ne peut passer ce concours de professeur des écoles qu'à bac + 5, après un master 2. Si possible un master Meef (métiers de l'enseignement, de l'éducation et de la formation). Eh bien, les titulaires dudit sésame se sont plantés magnifiquement, comme les petits copains. Comment ? On n'apprend pas les fondamentaux dans les IUFM/Espe/Inspe ? Euh… et les gens qui y enseignent ne sont pas révoqués ? Eh non.

Ils ne sont pas non plus condamnés à aller planter le riz en Camargue pendant quelques années. Cela leur donnerait pourtant le temps d'apprendre les conjugaisons (les candidats confondent l'imparfait et le présent du conditionnel) et les tables de multiplication : un âne multiplié par deux = deux néoprofs.

Il est donc urgent de réinventer les anciennes écoles normales, où l'on distillait des savoirs réels. D'en faciliter l'entrée à bac + 1, afin de prendre en main sérieusement les candidats. Et de faire passer ce concours à bac + 3, après deux ans intensifs. Accumuler des années d'études où l'on n'apprend pas grand-chose ne sert aujourd'hui qu'à justifier les crédits alloués aux universités – de l'argent gaspillé en vain – et à générer de la frustration, parce que les masters Meef censés préparer au concours ont un taux de chute impressionnant. Forcément, puisqu'on n'y apprend rien de ce qui est nécessaire – sinon du vent.

20

Pour une vraie méritocratie

La méritocratie à la française, en dehors du fait qu'elle est un modèle de fausse promesse et d'hypocrisie véritable, est l'un des plus beaux exemples de darwinisme social, tel que Herbert Spencer, qui adapta les théories de Darwin à la sociologie, aurait pu le rêver. Il est l'instrument parfait de survie des plus aptes – ou, plus exactement, des mieux placés sur l'échelle sociale. Autrefois les aristocrates se méfiaient des gueux, et avaient mis en place une échelle sociale qui empêchait pratiquement à tout membre du tiers état de s'élever jusqu'aux plus hautes sphères : il a fallu une révolution et pas mal de têtes tombées sous la guillotine pour que la bourgeoisie accède aux places qu'on lui refusait. Nous en sommes au même point : cette même bourgeoisie, enkystée dans les sphères du pouvoir, refuse au peuple – y compris à ceux qui ont été prolétarisés par les crises successives – d'exprimer son vrai potentiel. Mais c'est avec plus de fausse compassion et de jolis mensonges.

Le plus évident de ces mensonges s'appelle la méritocratie.

Avant d'aller plus loin, précisons les choses : je suis très favorable à une véritable méritocratie, qui pèserait, solliciterait et récompenserait les vrais talents, d'où qu'ils viennent. Mais pas à la sélection reposant sur l'origine sociale, et non sur les dons ou le travail, qui est aujourd'hui le mode de reproduction des élites autoproclamées, et qui est une politique demi-habile – ou, si l'on préfère, largement stupide.

Ancien élève de CPGE, ancien élève de l'École normale supérieure (ENS) de Saint-Cloud, agrégé de lettres, je suis aussi un ancien voyou des quartiers nord de Marseille, fils de parents qui n'avaient pas leur bac, l'un flic après l'intermède enrichissant pour un jeune homme de la guerre d'Algérie, l'autre sténodactylo, puis technicienne médicale. Fils de personne. Que mon père soit par la suite devenu professeur, puis président d'université, et ma mère chef du personnel de l'Assistance publique tient à leurs vertus personnelles et surtout à un travail acharné, dont mon enfance et mon adolescence furent les témoins permanents. Et ce n'est pas rien.

Mais, dès ces laborieuses années 1960, l'accès aux prépas et aux grandes écoles était fort réglementé par un système qui, très naturellement, privilégiait ses propres enfants. Je ne m'y suis glissé que par effraction, parce que j'étais, comme on dit, « bon en français ». Déjà la proportion d'enfants d'ouvriers ou d'employés qui accédaient aux grandes écoles était très faible. À la fin des années 1950, moins de 3 % des enfants d'ouvriers intégraient Polytechnique, alors qu'ils représentaient entre 30 % et 40 % de la population. Sans doute étaient-ils trop bêtes… Aujourd'hui, après quatre décennies de politiques sociales et de fonds investis pour l'égalité des chances, après une alternance rigoureuse de gouvernements de gauche et de droite, ces mêmes enfants de prolétaires comptent pour 1,1 % des reçus. Il est vrai qu'il n'y a plus que 19,6 % d'ouvriers dans la population globale, mais c'est compter sans la prolétarisation des classes moyennes, qui devrait être prise en compte dans la statistique. À l'inverse, à la même période, les enfants de cadres étaient près de 50 % à rejoindre Polytechnique alors qu'ils représentaient moins de 5 % de la population ; aujourd'hui, ils constituent 81 % d'une promotion (pour 19,3 % de cadres dans la population globale, en intégrant les enseignants dans la statistique, ce qui fera sourire douloureusement ceux qui me lisent).

Les chiffres sont implacables : l'École polytechnique, loin d'être un exemple de méritocratie, est une machine à reproduire les inégalités sociales, de génération en génération – sauf à penser que les enfants de cadres seraient, par nature, plus méritants que les enfants d'ouvriers : idéologie aristocratique et essentialiste qui reviendrait à nier la possibilité même d'une méritocratie[1].

Les CPGE bénéficient d'une attention et d'investissements auxquels rien, dans l'École française, ne peut se comparer. Un élève de prépa coûte 15 710 euros en moyenne par an, contre 10 110 euros pour un étudiant d'université – et un peu plus de 6 000 euros pour un lycéen. Ou, si l'on préfère, l'argent va à l'argent, et ceux qui disposent déjà, par leurs proches, de ressources élevées bénéficient de la manne gouvernementale.

1. J'emprunte sans vergogne ces analyses à l'excellent article de Sophie Audoubert, professeur au lycée Voltaire : « Méritocratie scolaire : la grande illusion », Slate.fr, 10 novembre 2022.

Leurs enseignants, mieux payés, doublent souvent leur salaire grâce à la pratique des « colles » (ou « khôlles », dans les prépas de Lettres), ces interrogations orales hebdomadaires qui permettent de maintenir une pression permanente. Les devoirs surveillés, presque chaque samedi matin durant deux ou trois ans, amènent les futurs candidats à un niveau très supérieur, par exemple, à ce qu'exigent les facs américaines les plus célèbres. D'ailleurs, l'exportation des élèves de grandes écoles va bon train, chacun sachant, dans le monde, que l'excellence française n'est pas un mythe. Et l'ENS, avec un tout petit nombre d'élèves, se maintient dans le lot de tête des établissements d'enseignement supérieur dans le monde, dans la mesure où elle génère un nombre élevé de prix Nobel et autres médailles Fields.

Ça, c'est le côté solaire de la méritocratie. Côté ombre, c'est moins réussi.

On pourrait croire que les performances des élèves dans les sciences dures sont au-dessus de tout soupçon : maths et physique sont apparemment exemptes de biais culturels – encore que l'accession à Polytechnique ne se joue pas uniquement sur les épreuves scientifiques, la dissertation et les langues servent à départager ceux qui sont à égalité en mathématiques. Chassez la culture bourgeoise par la porte, elle rentre par la fenêtre.

Et cette culture bourgeoise – à commencer par le contrôle de la langue – ne s'acquiert pas en dehors du cadre culturel de la bourgeoisie. L'École peine à compenser l'apport culturel insuffisant des familles, alors que ce devrait être sa première ambition. Les pédagogues qui recommandent de « respecter » les cultures d'origine, d'exalter la « culture jeune » ou la « culture banlieue » sont au mieux des imbéciles, au pire des illusionnistes et des traîtres à la cause qu'ils paraissent (ou croient) défendre. Conseillons-leur de relire Marx, ils y apprendront qu'il n'y a d'autre culture que celle de la classe au pouvoir.

Non seulement l'École française reproduit les inégalités de naissance, mais elle les aggrave en refusant pratiquement de faire un effort réel d'enseignement vis-à-vis de ceux qui en ont besoin – en bref, de dissocier les programmes, au lieu de se focaliser sur une politique unique héritée du collège unique (qui, ô hasard, a été promulgué par ces deux gauchistes que furent Valéry Giscard d'Estaing et René Haby).

Rappelons que les élèves des grandes écoles, lorsqu'ils ne quittent pas la France – ce qui devrait leur être interdit tant qu'ils n'ont pas remboursé par leur travail sur le territoire national l'investissement mis sur leur tête –, forment l'essentiel des élites gouvernantes. Au pire, les dirigeants sortent de l'Ena, terreau du conformisme et de la pensée unique. Nous voyons chaque jour les errements de cette élite, incapable même de savoir ce que pensent la France et les Français, et sidérée par la violence des manifestations et le bruit des casseroles. Au point d'interdire les Champs-Élysées un 8 mai, et de descendre la plus belle avenue du monde en saluant des trottoirs vides. Cet autisme de l'élite en dit long sur son divorce préalable avec le peuple et, plus globalement, avec la réalité.

Que ces anciens bons élèves soient les chantres du système qui les a faits rois et princes n'étonnera personne. Qu'ils soient de gauche et de droite ne devrait pas être plus étonnant : il y a beau temps que les différences entre ces deux attitudes ont été gommées par la réalité. Qu'ils trouvent l'appui d'enseignants qui se voudraient parfois d'extrême gauche donne juste la mesure de l'incapacité de cette extrême gauche à analyser clairement le réel. Qu'elle appuie les revendications des extrémistes musulmans, sous prétexte qu'ils représenteraient le nouveau prolétariat dont elle a besoin, est une douloureuse plaisanterie. Si elle avait deux sous d'idée, elle commencerait par combattre les fanatismes au lieu de les encenser. L'opium du peuple, camarades !

Dans ces circonstances, la méritocratie telle qu'elle existe est un leurre utilisé pour maintenir une certaine oligarchie au pouvoir. L'argent investi dans la formation des élites sert à la perpétuation d'une espèce quantitativement très limitée, qui se protège des poussées d'un peuple générant pourtant des génies, mais qu'on ne laisse pas arriver au pouvoir. Comme disait Marie Duru-Bellat dans *L'Inflation scolaire*, en 2006 : « Pour l'heure, le mérite est convoqué pour justifier la stratification sociale et les inégalités – il lui apporte un "*moral gloss*", un vernis moral. En d'autres termes, l'égalité des chances proclamée justifie des inégalités de situations bien réelles : croire en la méritocratie rend plus tolérant aux inégalités existantes (tant à l'école que dans le monde professionnel) puisque tout le monde a eu sa chance et que ce sont les meilleurs qui ont gagné[1]. » Ces méritocrates sont la nouvelle aristocratie.

1. Marie Duru-Bellat, *L'Inflation scolaire. Les désillusions de la méritocratie*, Seuil, 2006.

De fait, ils ont gagné dès la maternelle. Ils ont bénéficié de bonnes méthodes pour apprendre à lire et à écrire, ils ont récité les tables de multiplication pendant les longs trajets, à l'arrière de la voiture, ils sont partis précocement en voyages linguistiques afin d'apprendre l'anglais *in situ*, ils ont eu parfois des cours particuliers dans tel ou tel domaine où ils patinaient un peu, ils ont pratiqué des sports – tennis, ski ou golf, voile ou équitation – où ils ont sans cesse fréquenté leurs semblables, et ils ont vu des spectacles qui leur ont donné à penser. Dans mon lycée (Thiers, à Marseille) est organisé chaque année un « concert des prépas » où ces jeunes gens viennent faire la preuve de leur maîtrise, parfois quasi professionnelle, du piano ou du violon ; et, quand ils se risquent à jouer de la musique moderne, ce n'est pas du rap. Quand je vois que des profs de musique, dans des collèges déshérités, font apprendre à leurs élèves, avec la bénédiction de leur inspecteur, de la variété française au lieu de leur enseigner Bach et Mozart, je désespère de l'École de la République.

L'entrée dans les grandes écoles n'est jamais que l'aboutissement d'une trajectoire commencée quinze ans plus tôt. C'est dans la foule de détails indirectement pédagogiques que se joue la culture qui permettra d'intégrer une grande école. L'apprentissage du solfège se fait en parallèle avec celui des maths, auquel il est fondamentalement apparenté. La visite du Louvre (de la Galerie des Offices, du Prado, du Metropolitan Museum) pose les bases de la dissertation – mieux que la visite de Villeurbanne ou de Stains. Enseignant jadis à Montpellier, j'ai été sidéré d'entendre un inspecteur reprocher à une collègue d'avoir emmené ses élèves visiter le cœur, très XVIIe siècle, de la ville, au lieu de leur faire parcourir les quartiers de la Mosson ou de la Paillade, dont la plupart étaient originaires. Et j'ai raconté jadis comment, enseignant à Corbeil dans un lycée installé dans la zone très sensible de l'Essouriau, j'avais été sidéré d'apprendre que ma collègue, l'année précédente, faisait travailler ses élèves – devenus les miens – sur des articles de *Libé* traitant des quartiers sensibles, alors que j'avais préféré leur faire étudier Mallarmé et Rimbaud.

Les classes dirigeantes sont en fait issues d'un système en entonnoir, où peu à peu on sélectionne non les meilleurs mais les mieux préparés – les mieux codés, dirait-on en informatique. La maîtrise même des concepts mathématiques les plus abstraits dépend en fait de la maîtrise des codes sociaux que l'École refuse d'enseigner à ceux qui ne les ont pas.

À noter que la répartition géographique des élus (au sens religieux du terme, mais accessoirement au sens politique) n'est pas un hasard. Il est des académies (Paris ou Versailles), des villes (celles qui disposent de prépas prestigieuses) ou des établissements plus propices à la maturation des élites. Combien de fois j'ai vu des élèves – ceux qui financièrement le pouvaient, bien sûr – se roder pendant une première année à Marseille ou à Nice, et poursuivre leur préparation à Lyon (lycée du Parc), à Toulouse (Fermat) et bien entendu à Paris, la capitale siphonnant sans cesse ce que la province peut fournir d'élites préfabriquées !

Là aussi, une régionalisation sévère de l'enseignement peut pallier les inégalités dues non au mérite mais à l'argent. Il faut développer dans chaque région des pôles d'excellence qui rivaliseront avec le pouvoir d'attraction de la capitale, afin de former localement les élites qui à leur tour formeront en province d'autres élites.

Sinon, les gueux marcheront un jour sur Paris – ils l'ont déjà fait lors de la crise des Gilets jaunes, dont on a mal mesuré le sens et la profondeur. Vous vous voulez darwinien, mais vous perpétuez un système qui tôt ou tard vous fera trébucher. Le vrai darwinisme, c'est la survivance et la promotion des plus aptes. Pas celle des dinosaures.

En guise de conclusion

Éléments de programme

Les quelques pages qui suivent sont à l'usage des lecteurs pressés. Soucieux de leur épargner le dur labeur de lire ce livre, voici résumées les principales propositions qu'il contient. Simplement, je me dispenserai de répéter ici les analyses qui sous-tendent et justifient ces idées quelque peu iconoclastes.

Qu'on me comprenne bien : j'essaie de sauver ce qui peut l'être. Je me trouve dans la position de Necker qui revint au ministère en 1788, et proposa quelques solutions ultimes au moment où se réunissaient les États généraux. Ce qui le fit renvoyer le 11 juillet 1789. Et, trois jours plus tard…

L'École et la nation ont intérêt à rapprocher les deux piliers sur lesquels elle repose aujourd'hui, un petit secteur d'excellence et un large secteur en déshérence. Non seulement pour des raisons éthiques évidentes, qui n'émeuvent pas ceux qui aujourd'hui profitent à plein d'un système qui leur tend les clés du futur, mais pour des raisons pratiques : les élites de demain seront encore plus déconnectées du réel que celles d'aujourd'hui, elles-mêmes produit d'une dégringolade scolaire sévère. Si les dirigeants futurs sont aussi loin du peuple que ceux d'aujourd'hui, ils ne pourront pas reprocher au peuple de chercher à raccourcir la distance – et leur silhouette.

On ne restaurera pas l'école du passé – parce que le passé ne repasse pas les plats. Ainsi, on ne redonnera pas au bac son lustre d'antan : quels parents accepteraient que leur enfant ait à peine plus d'une chance sur deux de réussir le bac – statistiques des années 1960 ? De même, quels enfants, quels adolescents accepteraient de but en blanc de se plier à la discipline de fer qui était celle des établissements d'enseignement il y a soixante ans ? Inutile de rêver aux coups de règle sur les doigts, ils appartiennent au passé au même titre que les touchantes photos de Doisneau.

Le bac est mort, et il ne peut être remplacé que par un certificat de fin d'études donné à tous ceux qui seront parvenus en terminale. Pour que ce certificat soit lisible par les ordinateurs qui remplacent déjà les administratifs et les enseignants du supérieur, il faut qu'y soient indiqués de façon claire les points forts ou les faiblesses des candidats.

Pour cela, je suggère un système d'unités de valeur accumulées depuis l'entrée dans le système scolaire, alimenté par des devoirs surveillés hebdomadaires au fil de la scolarité. Oubliez la nécessité, dans un conseil de classe couperet de fin d'année, d'être au moins moyen dans chaque matière : un élève peut très bien briller en maths et être en difficulté en langues, en fonction de ses appétences ou de son travail.

Le fait d'étaler ces unités de valeur sur toute la scolarité permettra d'éliminer la surnotation, l'un des fléaux du système actuel, plein de bonnes et de mauvaises intentions. Un enseignant peut surnoter ; dix enseignants, c'est moins sûr. Il forcera par ailleurs les élèves à travailler sans cesse.

La division entre voie générale et voie professionnelle doit être abolie au moins jusqu'au niveau seconde, voire au-delà. Ce qui compte, c'est de donner une vraie culture à chacun, de donner un peu de temps aux cancres pour s'apercevoir qu'ils ont des qualités, et de permettre aux « bons » élèves de comprendre qu'il existe des métiers manuels dans lesquels ils s'épanouiront. Ils n'ont pas tous vocation à être des ronds-de-cuir – de haut niveau peut-être, mais ronds-de-cuir quand même.

Les enseignants doivent être recrutés et orientés dès le niveau bac + 1, et formés dans des centres – les anciennes écoles normales, par exemple, pour les instituteurs – où on leur enseignera les savoirs indispensables pour faire face à leurs classes. Pas de la pédagogie ou de la didactique, qui viendront avec l'expérience du terrain. Et les terrains scolaires sont si variés qu'aucune recette ne s'applique uniformément, à moins de chercher le chahut immédiat et irrémédiable.

La mixité sociale n'a de sens que si elle s'accompagne d'une ambition qualitative. Il est donc essentiel de révoquer le collège unique, source depuis quarante ans de confusion et d'impossibilité technique de faire des cours cohérents. J'ajoute qu'une répartition des élèves en fonction de leur niveau (et non des revenus de leurs parents) doit s'accompagner d'une discrimination selon le niveau : on peut faire cours à quinze élèves en difficulté ou à quarante élèves sans problèmes, mais certainement pas, sous prétexte d'égaliser les conditions de travail, à trente élèves de niveaux trop hétérogènes.

L'évolution du niveau des élèves doit être la clé des rémunérations supplémentaires des enseignants. Elle sera évaluée par des instances idoines – il est temps que l'Inspection, au lieu de passer en coup de vent tous les cinq ou six ans, ausculte les maîtres deux fois par an –, en amont et en aval. Et, comme il ne se trouve pas assez d'inspecteurs, des enseignants chevronnés – vraiment chevronnés, pas des pistonnés ou des lèche-bottes de pédagos ultimes – seront à même de prodiguer des conseils et d'apprécier le travail.

« Travail » doit être le maître mot d'une École digne de ce nom. Travail, et non sorties scolaires incessantes. Travail sans concession, avec des emplois du temps variables justement en fonction des besoins.

Les programmes devront être réécrits de telle façon que chaque établissement puisse y puiser sa substantifique moelle. Bien sûr, il faut donner davantage – et plus d'heures – aux déshérités qu'aux héritiers. Cela ne signifie pas qu'on se désintéressera de ces derniers, au contraire. Mais, au lieu de les laisser caracoler paresseusement dans des programmes laxistes, on élèvera la barre pour les faire transpirer eux aussi. L'ambiance des classes préparatoires, la seule étape du cursus français que l'étranger nous envie, doit inspirer la totalité du cursus depuis la maternelle. Et, non, vos enfants ne se suicideront pas si on les fait travailler ! Mais cessez de protester dès qu'un devoir est imposé le samedi matin, parce que cela vous empêche de partir en week-end ou de paresser sous la couette. Le samedi matin doit être reconquis d'urgence – tout comme le dernier trimestre, que la gestion aberrante des examens prive aujourd'hui de toute efficacité.

Pour arriver à ces objectifs, on comprend bien qu'il n'est plus possible de conserver un ministère tout-puissant mais si loin des réalités du terrain. Si encore nous trouvions, dans les ressources de la France, un ministre assez dictatorial et informé pour tenir les syndicats en lisière, ou en laisse, pour imposer son point de vue à un Conseil des ministres où s'exprimeront, comme d'habitude, toutes les voix des « anciens » de tel ou tel établissement, tous les groupes de pression dont la somme cacophonique constitue ce qu'on appelle aujourd'hui la démocratie. Bref, j'aimerais assez Richelieu à l'Éduc nat'. Une main de fer dans un gant de fer, convictions en sus. Mais je désespère de voir émerger une telle pointure – et moi-même je ne suis plus disponible…

Alors il faut régionaliser, municipaliser même, les établissements. Chaque école, collège ou lycée sera laissé libre de mettre au point un règlement intérieur spécifique, et les parents sauront dès lors à quelle sauce seront accommodés leurs enfants – avec ou sans portable, avec ou sans abaya, avec ou sans indulgence, avec ou sans ambition. Dans le public ou le privé, qui n'est aujourd'hui sollicité que parce que le public est dans un état pitoyable, pas parce qu'il excelle.

Aux parents et aux enseignants de faire, à leur gré, le bonheur ou le malheur de leurs enfants et de leurs élèves. Mais qu'après ils ne viennent pas se plaindre : je les aurai avertis.

Table

Cet ouvrage a été composé par
Facompo à Montrouge (Hauts-de-Seine)

Impression réalisée par
CPI Brodard & Taupin
en juillet 2023
pour le compte des Éditions de l'Archipel
département éditorial
de la S.A.S. Écriture-Communication.

#lisez engagé !
www.lisez.com
Pour plus d'information :
Imprimé sur du papier issu de forêts gérées durablement.

Imprimé en France
N° d'impression : 3053401
Dépôt légal : août 2023